梁漱溟◎口述　陈维志◎整理

朝夕琐记

梁漱溟讲谈录

1970—1976

中国文史出版社

图书在版编目（CIP）数据

朝夕琐记 : 梁漱溟讲谈录 : 1970—1976 / 梁漱溟
口述 ; 陈维志整理 . -- 北京 : 中国文史出版社，
2024.3

ISBN 978-7-5205-4547-1

Ⅰ . ①朝… Ⅱ . ①梁… ②陈… Ⅲ . ①社会科学—文
集 Ⅳ . ① C53

中国国家版本馆 CIP 数据核字（2023）第 244137 号

责任编辑：张春霞　　牛梦岳

出版发行：中国文史出版社

社　　址：北京市海淀区西八里庄路 69 号院　　邮编：100142

电　　话：010-81136606　81136602　81136603（发行部）

传　　真：010-81136655

印　　装：北京新华印刷有限公司

经　　销：全国新华书店

开　　本：787mm×1092mm　1/16

印　　张：18.75

字　　数：218 千字

版　　次：2024 年 6 月第 1 版

印　　次：2024 年 6 月第 1 次印刷

定　　价：58.00 元

梁漱溟

一九七三年二月
偕陳生維志拍
照。漱溟識

1973 年 2 月偕陈生维志拍照。漱溟识

1948 年，摄于北碚勉仁书院。其时，梁漱溟正在撰写《中国文化要义》

20 世纪 80 年代，摄于复兴门外梁漱溟寓所

1986年夏，梁漱溟与次子梁培恕（左一）、孙子梁钦东（右一）、孙女梁彤（右二）合影于寓所楼下

八月十日十一日两次谈话要点

人们平时思虑纷纭，大脑不得休息，非
但耗费精神于无用之地，抑且易违
医家摄神内守、心安体泰之古训，必
将不知不觉中损坏康健。
因此常使自己大脑得到休息实为
第一要义。

再进一层则宜实行静坐，那就更好。
静坐时，静字指"念不起"而言，心守上
大不易做到。先使大脑休息，入手久之或可
渐入静。

我本人患有好年，智静少、躁静多，临终惭愧
一次入静，且患失眠甚重，迄今中年以来
六十之年犹时，思之惭。
功深之久，有于静宜助勿助得，念
尽是由于完全歇缘，一切外之故，其环境条
件亦宜清净，非浮有之。
气功疗法国内曾经试行一时，据闻京中
某大医院推行一种方法极其简易。甚
佐可以集合十数人于一室同时行之对
于降高血压有下收动连续数目戗十数目
便可全愈云。

现在不妨师取其方法大意个人自己试行之。

1. 静坐之坐青跏趺式、半跏趺式、平坐
踏式为主；平卧式、侧卧式亦种，取其
安适为宜，随意行之。但颈容要正。

2. 软带宽解，肋骨松弛，气沉丹田。

3. 鼻息绵绵若存自然以呼吸达于腹部
为好。

4. 特取静松静二字用以暗示自己，徐缓
地默念：松！松！……静！静！静！
随着全身放松，大脑随之历静。

5. 如其昏睡，无妨亦且任其睡去。

6. 以心境静而得慢为最好。是即持入于念
不起之境。

7. 出现静境不必心喜其平、淡，淡之往其身法尤
不可事反追求其再出现。精一旦再求之
意，定是念不再出现。
总一切放下，是最要诀，是谓有诀。

8. ……

9. 环境修件影响坐功，不纯不择时择
地，为了深入静时方便用功。故青
"活子时"之说，即随便中夜起坐，不拘定
于子时均可。

10. 同其他功夫一样，非有耐心持久行之不会
成功。

右为维志贤契谈话纪要
一九七四年八月十六日
八十二叟梁漱溟书

1974年8月16日，梁漱溟与陈维志谈话纪要

半畝方塘一鑑開天光
雲影共徘徊問渠那得
清如許為有源頭活水
來

右晦庵朱子詩句書為

維志賢友存念

一九八〇年梁漱溟

1980 年，梁漱溟题赠诗一首

我与恩师梁漱溟（代序）

梁漱溟先生是我的老师更是我的恩师，他视我为孙辈，所以对我格外地包容和爱护，他在我身上倾注了不可计量的精力和时间，使我这个无知的青年成熟起来。

我的书桌上一直放着两册邓九平先生主编的《谈恩师》。其内容不言而喻，都是社会名人、学者及成功人士用文字来记述自己求学时得到恩师的教诲与帮助，而久久不能忘怀。他们的回忆录有很高的真实性和可读性，他们在近现代学术界都有着非同一般的影响。这部书在中国人物传记史上占有重要的历史性地位，是不可多得的历史资料。

我只是恩师（以下皆称先生）在他晚年用心培养的一个年轻人。在那个特殊的年代，一位老人谆谆教导一个年轻人，而他的谈话讲学内容又被记录下来，形成大量的笔记而保存下来。在那个读书无用论流行的时代，出现这种教与学的关系，虽不能说是独有，但也是罕见的事。

先生已经仙逝 30 年有余了，我除整理了先生口述的《梁漱溟年谱稿》外，还写了几篇文章来纪念先生。但在我手中还有1970年至1976年间先生与我谈话讲学的记录资料，这些资料非常珍贵，已有近50年。我已年近七旬，时不我与，必须抓紧整理出来，以作为我对先生终生的感恩。

先生与我相聚基本都在他家中，而且大多是在清晨与傍晚。当时我已参加工作，须每天上班，并且每月只有两天的休息时间，只有早晨与傍晚是属于我的业余时间。在先生搬离朝阳区新中街的二居室前，与先生的相晤大致如此。我在利用这些时间帮助先生与师母做一些二老力所不能及的事之外，就是抄写先生的稿件，一式两份，一份交先生保留，另一份由我学习保存。在先生房间内，窗前放一张硬木老式写字台归先生使用，另一张向全国政协借的日式写字台归我使用，几年下来所抄写的先生书稿也已盈尺有余。

先生一生都是严谨的人，几乎没有什么爱好，烟、酒、茶从无沾惹，即使是诗、词、书画、古玩玉器、珍本书、琴、棋、墨砚也无一收藏爱好。从先生身上找不出从清末、民国到解放后那种文人的任何气味，这在近代诸多名人大家中实属罕见。

我和先生相见，一般上来先谈天气再谈新闻。他有几十年不变的听早间新闻的习惯，或因时事引出一些话题，对国际新闻尤为上心；或因某名人去世，对名人的籍贯、家庭、事业有何成就，不假思索脱口而出，他之博闻强记非常人所能。我常叹曰："非常人也。"

先生见我年轻好学，且没有年轻人的轻浮之气，凡我请问的事或他思考的事或临时所遇之事，就像聊天一样与我讲述一番。每次聊天从一两个小时至五六个小时不等，先生皆顺口而出，无须有什么资料在手，而我则如旱地接雨露般细心聆听，手中以纸笔相随作些谈话记录，以备退而学习反思。不想，如此五六年间积少成多，整理成文字已几万字有余。在先生的日记中大多可见与我谈话的内容，就此看出似是闲聊实则是先生苦心在教育培养我。

先生的家就是我最好的课堂，当时的教育奠定了我的人生基础。站在先生的身旁来观察世间的一切，这就有着不同寻常的高度。没有与先生的朝夕相处，就不能使我立体全方位地了解世间的人和事，就不能真正体会一个伟人贤者的胸怀。如若只是从文字文章里面去了解人与事，那只是一个平面的理解，与真实的人与事有着很大的距离。

先生与我的相遇是偶然也是必然，我从第一次见到先生的那一刻起就产生了追随先生的想法。1969年先生时年75岁，而我只有18岁。年龄相差甚大，倒像是上天派我到他身边做护法童子。在我心中对先生一直是"望之俨然，即之也温，听其言也厉"。

纵观先生一生，虽清苦，但也绝无衣食之忧。他生活简朴却轻视金钱。他认为钱只要能满足自己的衣食住行即可，从不购置不需之物。先生每月从全国政协领取260元补贴，除去必付的房费、水费、电费、月票及简单生活费外，余下的钱大部分用来资助一些生活窘迫的朋友与学生，而我也是先生每月资助10元补贴生活的人。他的手中几乎没有什么存款。先生对我说过，钱不要分彼此，只要把它用到正当的地方就好。

先生勤俭的一生体现在方方面面。他茹素，每顿饭食量很少，但决不浪费一点食物。每次早出在外吃早餐，一般是油饼豆浆，油饼酥脆难免有碎渣掉落桌面，他皆一一拾起放入口中。

先生"敬惜字纸"简直达到苛刻的地步。他晚年有近百万字的创作，但他只有誊写清晰的稿本而不见有底稿纸的存留。是先生写文章一气呵成不打底稿吗？不是，他身为全国政协委员，经常有各种会议通知和请柬，此种通知内容简单，纸上留有大量空白，信封用小刀裁开也可书写，还有台历纸的背面，这些本已无用之物，他皆用来作写底稿的纸张，无一放过，待到誊清至稿纸上，这些底稿也就弃而无存了。

近年来，由于大家对先生的关注，很多照片都被挖掘出来，但从没见有一张有笑容的照片。他一生严谨，面容冷峻，有古者遗风，初见时往往让人望而生畏。他身材不高，晚年尤为清瘦，面颊偏深，下颌较宽，额与枕部偏深的头型，双眉如卧蚕，双眼大而深沉，未到中年就不蓄发，从侧面观看酷似印度圣雄甘地。他的手指纤细而白嫩，胜似女子玉指。古人对面相有"古"与"怪"之说，先生则自言属于"古"相。

先生一生忧国忧民，心中装有大事，面相有威容。我追随先生多年，唯有一次听他谈论孙中山先生逸事大笑不已。

辛亥革命成功后，孙中山先生正与宋庆龄处于热恋之中。一日，孙先生邀请同盟会共事之老朋友吃饭谈天。席间，有人问孙先生一生有什么爱好，可不可以坦诚告诉大家，孙先生略加思索开口便说："我一生有三大爱好：一是国家衰败，民不聊生，志在社会革命，天下大同；二为一生喜爱读书而不知疲倦；三是喜爱女人。"孙先生言毕，诸人齐口称赞孙先生说，其一救国救民志在革命已然成功，其二先生酷爱读书亦为众人所知，而唯其三孙先生坦荡直言不讳，真乃英雄本色也。

席间，听完孙先生之言，有二人接此话题续谈，一人说孙先生有三大爱好，不知你的爱好如何？一位先生未加思索开口便说："我爱先生之所爱。"另一位先生立即阻拦说："不可，不可。爱孙先生之一、二尚可，若爱其三就不行了。因为孙先生所说的爱女人，是专指热恋中的宋女士，而非泛泛之说。"先生讲到此，开口大笑，以至喷涎而出，身体前俯后仰，声大盈室。

先生仙逝后，社会上引起了不同的凡响。各种头衔纷至沓来，有思想家、哲学家、佛学家、教育家、社会活动家、爱国民主人士、最后的大儒，等等。默默无闻几十年的先生，仿佛成了这个社会的神话。而我要说的是，先生是人，只是一位不同寻常的人。

不近距离地长时间与先生接触，仅单单读他的文字而想全面了解他，是不可能做到的事。20世纪70年代国家发生的大事，至今不过50年就说法不一了。单凭一个人的经历就冠以无数头衔，殊不知桂冠也会淹没了一个人的伟大之处。

后人如何评价先生，他自己反复地说过："我只是一个思想家。"费孝通先生在《梁漱溟先生之所以成为思想家》一文中指出："梁先生的确是一位一生从事思考人类基本问题的学者，我们称他为思想家是最恰当不过的。"费先生的评价与先生对自己的认知是一致的，但是还有一点被忽视了，从先生一生的言论与活动轨迹来看，他从始至终都是一位伟大的爱国主义者。他一生中所关注的人生问题与社会问题，都是社会的重大问题，先生是负重探索而前行的人。

说先生是一位思想家，是因为他站在东西文化的前沿，是一位未来文化发展趋势的瞭望者。他的思想不囿于时代，提出人生的三个问题、三种态度，是对中国传统文化将在不久的未来得到复兴的展望，也将经得起历史的考验。

先生是一位伟大的爱国主义者，他从小就目睹国家民众苦难深重，这一切激发了他的救国救民之心。

新文化运动中，他提出保护中国传统文化，不是要复古守旧，而是要创新。他本可以在北京大学这个全国最高学府安静下来，用心来研究学问，过安逸生活。但他不甘心置国弱民贫而不顾，要改造旧中国，要启发民众，他脱下长衫去中国最贫苦的农村，创办乡村教育以期从农村入手培养农民的文明意识。

抗日战争爆发，他积极投入抗日保国工作中，参加国防最高会议，率先奔赴陕北延安听取共产党与毛泽东对抗日的大策。之后他不顾个人安危，亲赴敌后皖、苏、豫、鲁、冀、晋各省视察，历经八个月了解各地抗战实况。

20世纪40年代初，先生与张澜、黄炎培等诸先生组建中国民主政团同盟，以期更好地推动全国和两党团结抗日。

抗战胜利后，先生又以民盟秘书长的身份调停国共两党，避免内战，共同建国。他的前半生可谓呕心沥血，不谋私不图利，若无至诚爱国之心，如何能有此作为？

全国解放后，他真心拥护中国共产党，以学者的角度探讨研究了共产党的成功之路。

先生之所以是让人们不能忘记的人，更是因为他是一位在任何情况下都不包藏自己，敢于讲真心话的人。

新文化运动澎湃兴起，在一片"打倒孔家店、不读线装书"的革命浪潮中，先生以审慎的态度诠释以孔子为代表的中国文化的内涵，他所提出的中国文化复兴与胡适、陈独秀等人提出的中华民族的复兴有着本质的不同。他们讲的是推翻旧社会，废除一切传统文化，全盘接受西方文化以移花接木的方式使中国强盛起来，而先生则从另一个角度审视中华民族的复兴，是中国传统文化如何在新时代得以重生。贺麟先生在《五十年来的中国哲学》一书中说：他（指梁先生）指出西洋、中国、印度三种文化出于三种不同的人生态度，西洋人肯定现实生活，而向前追求；中国人肯定现世生活而融融自得，且以向前追求为戒；印度人则否认现世生活而要求去此世界，取消此生命。一向前，一持中调和，一向后。三家文化路向根本不同。因此，他预言中国文化在最近的将来复兴，印度文化在更远的未来复兴。这种说法在当时颇足以使人对整个东方文化的前途有了无限的乐观和希望。先生指出，"全世界都要走中国的路，孔家的路，未来的文化就是中国文化之复兴"。

先生所倡导的中国文化正如冯友兰先生在《悼念梁漱溟先生》一文中指出的那样："新文化运动的口号是'打倒孔家店'，梁先生是维护'孔家店'的。但是他的维护并不是用抱残守缺那样的办法，他给孔子的思想以全新的解释。"这对于今后世界前途的展望有着不同寻常的意义。

他坚守自己的判断，大胆提出与文化潮流相左的真话，形成了独立思考、不人云亦云的性格。他敢讲真话的胆量来源于自信，而他的自信则来源于他的慧根。

1953 年，先生在中央人民政府委员会扩大会议上，因为讨论过渡时期总路线，在小组会的发言中，提出了政府应注意提高农民生活水平的问题，使用了"工人与农民的生活有九天九地之差"的说法，引得毛泽东的批评。冯友兰先生在先生逝世后撰写的一副挽联中写道："钩玄决疑，百年尽瘁，以发扬儒学为己任；廷争面折，一代直声，为同情农夫而执言。"

在"文化大革命"中，先生历经劫难，但他初心不改，变的是环境，不变的是自己。1970 年在全国政协小组学习会上讨论"宪法草案"时，先生公开发言反对将林彪作为接班人写入宪法，并指出这种做法史无前例不合宪制。之后，又在"批林批孔"运动中，公开阐述自己只批林不批孔的态度与立场，并表示"三军可夺帅，匹夫不可夺志"。这在当时严峻的政治气氛中，若没有大智慧大魄力和坚持真理的信心与能力，若没有视死如归的精神，是根本不可能做到的。

费孝通先生在《梁漱溟先生之所以成为思想家》一文中指出："我认识到他是一个我一生所见到的最认真求知的人，一个无顾忌、无畏惧、坚持说真话的人。"

从以上所举三例可以看出，先生的一生在历史的节点上都有他鲜明的观点与立场，唯独没有他个人的私利，他的表现就是一种伟大的爱国主义精神。他的一生不以物喜，不以己悲，一生负重前行，一心要为国家拼个好结果，这才是中国知识分子应当仿效的楷模。

先生一生的心愿是要写成《人心与人生》一书，终于在晚年完成。先生在一边写，我在一边抄稿存留，也多次听他谈论此书的话题。此书动笔写作于 1920 年前后，历经 50 年搁笔未完成。1971 年 7 月 25 日，先生再操笔写此书时对我说："我现在所写的《人心与人生》是介于体质人类学与文化人类学之间的一种新开辟的人类学。"体质人类学与文化人类学在西方学术中都是规范的学说，有着浩瀚的内容，而先生却独辟新途，以东方三家之学来阐述他对人类未来途径的展望。

当年 10 月 31 日，先生对我言："能够明白人，才能够明白事。儒、释、道三家皆为人而来，所以明白人心与人生才是人的基本点。我写此书，不能太超越人的思维来说话。因为我懂佛学所以才能谈到人，而大众对佛的了解并不多，只有超越人的高度才能把人的事说明白，此说恰似苏轼的一句诗'不识庐山真面目，只缘身在此山中'。"

从上述文字中可以体会到，先生要用东方三家思想以大家都能明白的话，来把一个遥远而深奥的思想表达出来，实属不易。其实能表达先生思想的当是佛学中的"因名"与"唯实"之学，而先生另辟途径，舍近求远，深入而浅出，要用大家皆认识并认可的事实来说明他对人类终极问题的解答，无疑给自己增加了难度。

1974年12月28日，先生与我又谈《人心与人生》一书时说："此书贯穿着一条生命线。生命寄形于动物而呈现，一线之中呈现三个点即是真、善、美。谈佛处讲了真，谈道德处讲了善，对文学艺术之谈将是美。"

先生穷尽一生之精力，苦苦思索着一条让世人都能看得懂、行得通的人生之路，以此来代替深奥玄妙之佛法。在人类社会还未进入佛的世界之前，让人们的身心依存在社会条件下得以清明自然。先生的《人心与人生》正是引导人们的身心接近佛的，他是在寻找一条由必然王国通向自由王国的道路。

先生对《人心与人生》一书的发表态度很是平淡，他的想法是"文期后世知"。由此可见先生的思想是超前的而不是滞后的，是创新的而不是保守的。这才是一位思想家的样子。

先生虽以95岁高龄辞世，不可谓不寿，但从他身体实际情况来看，则不免留有遗憾。他青年时自修过中西医学，对医学的理解亦非常人所能比。

先生早年即与当代名医岳美中相识。早在1930年前后，先生在山东邹平创办乡村建设研究院，同时建立县中医医院，他的学生裴雪峰介绍好友岳美中来邹平中医院就职，时局骤变，岳大夫离邹返乡，这是前缘。全国解放后，两人同居北京，交往频繁，名为师生，实为挚友。

1971年先生介绍我拜岳大夫为师学习中医。两位老人的交往，我皆介入其中。岳美中老师出版的医案、医话，由我送呈先生阅，被评价为"极好，明于宇宙生命之理"。而先生著作的手写稿《人心与人生》《今天我们应当如何评价孔子》等皆由我交给岳老师阅，称赞不已。

1976年3月4日，先生经朋友介绍请张炳汉大夫为他诊脉处方。当晚我去，遂取出处方让我阅，就先生身体与处方谈论了中医理论。他在日记中写道："晚间维志来看张炳汉处方，谈医甚有悟性，可嘉。"

1980年1月17日，先生患下肢浮肿已有多日，但不自知。经家人发现，穿鞋已困难，劝去医院就诊，先生不肯，家人电话告知我。是日晚，急赴先生家中，见双足浮肿至踝关节，一向脉沉细柔的他，忽现脉浮弦，双尺脉明显，诊断为"心肾不交、肾阳虚不能制水"，即西医谓之"肾功能不全"。劝先生就诊不从。但先生允诺由我开中药处方治疗，我按张仲景的经方"真武汤"加减，服药旬日双足浮肿消退，疗效显著未见复发。

此时先生已87岁高龄，若按西医检验指标，肾功能必然不正常，但中医辨证施治补肾扶阳利水可使双足水肿消失，当为治疗老年病之上策，若一味追求生化指标正常，不惜手段给予恢复，正所谓"门板治驼背，躯直而命丧"，祸不旋踵矣。

1983年10月，先生在致老友张俶知的信中说："陈为学中医有得者。"此或是对我三年前为先生治病之赞许。

1988年3月，先生当选为第七届全国政协常委。同年4月25日，先生因感身体不适，由亲属陪同去医院就诊，下车后尚能步行前往。医生诊断为"肾功能衰竭"，先生留院治疗，医院成立"梁漱溟医疗小组"。

1981年先生移居木樨地高级干部楼后，由亲属直接照顾生活

朝夕琐记：梁漱溟晚年谈话录

起居，我便少有前往探望，一则是路途遥远，二则是此时先生家中常常访谈者络绎不绝，已无师生二人对坐而谈的机会了。

1988年6月16日上午，先生亲属打电话告知我，先生已住院多日。我下午立即前往探望。其室外有心电图监测，我视之良久，其心电图显示毫无异常处。入病房内见先生侧身蜷卧于床上，面色无华，神倦懒言，只招手示意与培宽大叔谈。只见床褥单上黄色污渍多处，急询问在侧陪侍的先生长子培宽大叔。培宽大叔云："医生诊断为肾功能衰竭，化验肾功能指标高，让先生服用中药生大黄和生大黄煎汤灌肠，以解肾功指标之高。"我听后言："请培宽大叔立即要求医生停止使用此药，可请中医会诊治疗。"培宽大叔面有难色云："此事须听医疗小组来决定。"我闻之默然而无语。我追随岳美中老师学医多年，尤其对老年病多留意，此种治疗方法，必将断送先生性命无疑。自知位卑言轻，无改大局，悲怆之情油然而生。

我受先生培养教育多年，本应随侍身边照顾，责无旁贷，但因公务在身，次日带队护送一位高位截瘫病人往返湖南湘西山区休养，万般无奈，只得说尽快返京再来照顾先生。

我23日从湖南返京，次日清晨车过郑州，听车内播放新闻得知，先生已于23日上午11时病逝，听到噩讯，暗自流泪不已。先生曾在1983年致张俶知的信中说道："我自度或者有一天无疾有终邪！"呜呼！此愿未了，人为乎？天意乎？

1993年，由中国文化书院学术委员会主编的《梁漱溟全集》八卷本由山东人民出版社出版。委员会主席庞朴先生在编后记中写道："作为一代宗师，梁漱溟先生的言论和活动，涉及多方，著之竹帛，已成为历史的一个部分，也早已成了世人关注和研究的对象，因此，应该出版全集，而且要不厌其全，哪怕是片言只语，寸帛尺简，都应该极力搜集，公之于世，并保持其历史原貌。这样做，既是对历史的负责，也是对梁先生的纪念，当然也就为关心者、研究者提供了方便。"

我对庞朴先生的话深以为是。我追随先生20年，尤其是在1970年至1976年间，先生与我的谈话，皆有笔录。现今得暇整理成文编为《朝夕琐记：梁漱溟讲谈录（1970—1976）》一书，贡献给关心先生的读者。

此本谈话录内容宽泛，家庭、学习、性格、婚姻、交友、经历，几乎无所不包，是了解和研究先生的一本小百科书。对于先生经历的创办民盟、1953年风波等大题材，因皆有人叙述，此处不再赘述。此书是按照先生日记顺序而编著，同时进行分类。很多谈话内容是随意而谈，恰恰是先生思想的真实坦露，同时也揭示了一些不为外人所知的事情，更能体现一个真性情的先生。

把先生晚年的真实情况写出来，对今人和后世负责，我仅能以此作为对先生的感恩和回报，也算是我对社会做出的一点奉献。

陈维志

2019年5月于寓所

目

录

第一讲
我是一个怎样的人

第二讲
书斋生活杂谈

第三讲

中国人的哲学和宗教

忆往谈旧

第五讲

东西文化比较观

第六讲

中国的道路

第七讲

我的养生经验

第一讲

我是一个怎样的人

自己的性格

我一生自信力强，有时候强得有理，有时候强得过分。对于自己思索的事情，头脑都有细密的考虑。因为自己自信力强，那么我的胆子就很大，自己的一生都是如此。对于关注的问题，我很善于周密思考，并时时动笔记录下来，写成文章后并不急于发表，等到社会需要的时候再拿出来发表自己的意见。

【梁漱溟日记】

1971 年 7 月 4 日（星期日）

早起进食于家，写发言稿，散步附近。九时同维博谈三段话。午饭后休息，再写稿。维志来抄书。天热甚。晚饭后散步附近，终日未远出。

自己的特点

我一生最大的一个特点，就是对认定值得思考的问题及事情都能一专到底，比如读佛书，初看不懂，就一遍二遍三遍地读下去，直到读懂为止。

【梁漱溟日记】

1971 年 7 月 24 日（星期六）

昨收张丽珠回信，即转上海三先生阅之。早起阅《自然辩证法研究》。少怀来坐，托其转答王季衡一信。午后华世荣来坐。维志午前午后来抄书。天气风凉。

"天命"

　　我世界观中的一小部分就是"少着人力，多听天公"。孔子谓"五十而知天命"，此话恰与孟子所说"莫之为而为天也，莫之致而致命也"之话相吻合。而"天命"非是神之所主宰，实指事物机缘之聚合。对于任何事物既不能强求，又不可怠慢。急则欲速不达，怠慢则机不再来。

喜欢的对联

一、无悔无忧吾素；不矜不慕其难。

二、毫忽不能昧；斯须不敢瞒。

三、情可不言喻；文期后世知。

【梁漱溟日记】

1973 年 1 月 21 日

早起复阅成稿。维博来。王星贤来，取回其《十三经概论》等 2 书。维志晚间来工作（志亦感冒）。

我一生作的唯一一首诗

我自幼受父母和彭翼仲先生的影响，不仅没读过"四书五经"，就连诗、词、书、画都没有下过一点功夫。

解放后，有位陈先生从外地来京访我，问我近来有什么诗作，我说，我从来不作诗，亦不会作诗。他却说我作过诗，在陈政家看到过。

说到此，我仿佛回忆起在抗战初期，我在敌后视察六个省用时八个月，后去杭州访问马一浮先生，得知陈政（字仲瑜）卧病在西湖边。我作有《僭拟书辞》一首送他。这是我绝无仅有作的一首诗。

僭拟书辞

仲瑜看似平平淡淡，
其实不平复不淡。
看彼呆坐众中直如愚，
岂有愚人如仲瑜。
彼殆有抑郁不伸者乎，
其详我亦莫能得。
却有一言，
愿吐不愿默。
处世但求心慊足，

人间何处非欢宅。

一分未尽心不慊，

返身而诚天地塞。

【梁漱溟日记】

1973 年 3 月 18 日

早起写稿，维志来，以甩手法示之。写岳美中一信，交其午后访岳。朱星等三人来坐。午后去王府井购牙签等。李健生来坐。晚间维志来说岳情况；漫谈诗词。

我的学识

我的学问，得之于思。《论语·为政》篇有"学而不思则罔，思而不学则殆"。朱谦之先生谓我，读书不够多，但头脑中有问题，为解决问题而读书，更容易与书中重点符合，为我一大优点。

我的社会地位

一、1922 年 1 月，上海商务印书馆出版了我著的《东西文化及其哲学》一书，引起了社会和学术界的轰动。

二、1924 年 9 月，辞去北大讲席，赴河南、山东大搞乡村建设运动，很为当时社会民众和政府当局所重视。

三、抗日战争爆发，国民政府召集各界人士商讨抗敌之策，但国民党限制会上议题，我便毅然不赴会，而将抗日的主张发表于天津《大公报》。

四、抗战初，蒋介石驻武汉。齐鲁大学校长朱经农赴武汉见蒋。蒋询问朱，梁漱溟其人如何？朱甚赞之。蒋便让朱带一口信给我，让我赴武汉见他。但我不愿急于见蒋，故未应之。

五、我去南京参加政府财政会议，南京市长石瑛邀我晤面于蒋，会晤约四十分钟。

六、我为中国民主政团同盟发起人之一，同时又赴香港创办盟刊《大公报》。

七、抗战胜利后，我又以民盟秘书长身份参加国共和谈，直至和谈破裂。

我所喜欢并时常书于笔墨间的诗有两首：

其一

道理平铺在，

随人自取舍。

偶然有得处，

知亦同无知。

其二

俗语常言合至道，

宜向其中细寻讨。

能于日用反复求，

大地尘沙尽成宝。

【梁漱溟日记】

1973 年 12 月 31 日（星期一）

早起写人生稿。以被里等付洗。访何绛云还书三种，借书六种。晚间维志送来水果。

自己是唯物主义，还是唯心主义

——应黄艮庸、王星贤、郭大中诸先生之请而谈

一、我承认自己是思想家，但不是哲学家。我有两大长处，一是好用心思，二是身体力行。

二、我不赞成把儒家学说当作哲学来讲，仅仅出入于口耳之间。东方三家之学皆不能当哲学来讲，因为三家之学皆以实践为其立学之本，否则恰如佛家所称之为"戏论"。

三、辩证唯物论是人类的自然法则的客观规律。我懂得辩证唯物论是无意识的，是长期摸索探求而得。毛泽东的长处是他很早就掌握了辩证唯物论。

四、辩证唯物论是唯物与唯心的合二为一的产物。唯物，就是要顺着客观事物的发展去掌握利用它。唯心，就是要充分地发挥人类的能动性，发挥主观意识的积极性。

五、中国古代思想家从来就没有讨论分辨过唯物与唯心。我们一定要把谁归为唯物或把谁归为唯心，这是不恰当的。例如，古代老子的思想应归属于哪类呢？

结论是，我是辩证唯物主义。

【梁漱溟日记】

1974 年 1 月 1 日

早起维博来，维志继来，星贤、艮庸、大中来，为谈我是怎样一个人及辩证唯物之理，十一时散会。午后维博维志装订新写附记稿，宽儿夫妇及四小孙同来。电灯忽灭，雪昭来检查，得重明。

自己的座右铭

一切法毕竟空。心净如虚空。永离一切有。照见五蕴皆空，何从有我。

于无我中幻有今我，从众缘生。以如此菲材，值如此运会，不可免地有其艰难险阻，战战兢兢如临深渊，如履薄冰，要当目不旁视，心不旁用，好好负起历史使命而行。

【梁漱溟日记】

1974 年 3 月 10 日

早起改写声明一文。写甘地读书录。嘱维博送还何书两种，又以唐母诗送阅。维博归后又答何一信。维志来抄稿，嘱其访岳求方，晚间带回加防风一味。又维博代购可可粉，付 6 元，付维志 10 元。

要善于发现问题并解决问题

自己最善于发现问题，注意与自己意见不同的观点，加以取舍或融通。要树立独立思考问题的习惯，任何疑问都要自己用心地去研究解决。

【梁漱溟日记】

1974 年 4 月 7 日

早起煎药服药。维博来整理药包，付桔皮出售。维志来整理厨房杂物，收《参考消息》，晚间再来坐。散步附近。

自己的身体

近年来方感觉到自己身体走上正轨，精神体力比以前都佳。自己的学术思想也卓然成熟。

【梁漱溟日记】

1974 年 5 月 5 日

早起洗漱，维博来助理一切。今日无电疗。恕儿送来拌黄瓜甚佳。罗龙送来煮枣。晚与维博、维志谈不少。阅《古诗源》终卷。早回看闻辅庭。

自己喜欢的几句名言

明儒泰州学派王心斋的四句话："人心本无事，有事心不乐。有事行无事，多事亦不错。"这是他修行的境界。

他所作的《乐学歌》中有四句话，值得欣赏："乐是乐此学，学是学此乐。不乐不是学，不学不是乐。"

"智者不惑，仁者不忧，勇者不惧"见《论语·子罕》篇。

"乐天知命故不忧"见《周易·系辞上传》篇。

【梁漱溟日记】

1976 年 5 月 20 日

早四时起写稿。访杨公庶申明请假及到会日期。风土大，回家午饭。审订 1953 年 9 月建议一稿寄上海田抄写（航空）。维志来，与之杂谈。

第二讲

书斋生活杂谈

《中国理性之国》第四章

　　西欧北美等一些资本主义国家发达了几百年，工人阶级队伍亦必然强大，但为什么总不见有无产阶级革命出现呢？这是因为他们还停留在自发的阶级斗争中，即为了个人身体的生命和安逸而争取的斗争，尚未觉悟到工人阶级肩上负着推翻资本主义制度的任务。

　　而苏联为什么从一个社会主义制度的国家又演变成修正主义呢？按照我的说法，这是一种"历史的补课"。在社会发展史上要经过原始社会、封建社会、资本主义社会再过渡到社会主义社会。这是人类历史发展的大致阶段，而苏联被列宁称为"强大的军事封建帝国"，没有经过资本主义而直接进入社会主义社会。

　　社会主义是一个大的集团主义。它的统一安排、统一计划、统一建设，使人们在个性伸展的活动上，受到一定的束缚而不得自由。在封建社会与社会主义社会之间应存有资本主义阶段。资本主义时代是冲破封建社会的枷锁，让人权、物权在人生的自由上得到充分的发挥，使个性无限伸展，生命力充分发挥的时代。苏联却跨过了资本主义社会直接进入社会主义社会，正是自觉不足、自发有余，而先进的苏维埃政党在列宁和斯大林这些天才的无产阶级知识分子的自觉性引导下取得了胜利。

　　因为无产阶级的自觉性不足（即强调人的因素第一，加强人们的世界观改造等一系列政治运动），想以先进的工业技术

　　　　　　　　　　　　　朝夕琐记：梁漱溟晚年谈话录

和生产补充其不足，结果是不可替代的，人们思想上的自发性（即人体所追求的东西）伺机而动，追求西欧北美的资本主义社会，以补其历史的短缺。

中国社会也未经过资本主义社会而直接进入社会主义社会，那么，中国社会是不是也需要历史的补课呢？先看一看中国社会是什么样。

中国社会自古以来就是散漫无组织，富、贵、贫、贱升沉不一。孔子的学说，虽说是为封建王朝服务，但他却很早就启发人们的理性，在两千余年的中国社会里，人们的自由一般不受到束缚，即个性的活动力可以得到发挥。俗话有"朝为田中郎，暮登天子堂"，人只要努力，是可以达到预期的理想的。

在中国几千年的社会里，资本主义社会人民所争取的自由，在中国社会并不新鲜并存之已久。中国古代社会包括了封建思想和资本主义思想这两种文化产物，从而走上了一条特殊的道路。所以它可以被社会主义制度代替而不会有所反复。中国历史形成的特殊社会，给中国革命带来了困难，但这种困难一旦被冲破，必将走向更大的胜利，并以它无比的活力和客观的人文地理环境影响世界、开化世界、引导世界前行。

真正有学问的人，心胸是通达的。世上虽有千条万条道理，但万理归一，实际上只有一个道理，只不过是反正、左右、上下多方面去论述说明罢了。而心中自觉道理很多的人，其实只是半桶水。

【梁漱溟日记】

1971 年 1 月 2 日（星期六）

连日略见咳嗽，服银翘片，食白米粥。陈维志上午下午均来抄稿，为之谈历史的自发性与自觉性。午二时后出去。附近散步，阳光尚好。

我心中三位学习的榜样

从我少年至成年人时，我心中时时有榜样来学习。几十年过来，最后认为有德有才人品不错的人，只有三位，分别是伍庸伯先生、省元老和尚、林宰平先生。

【梁漱溟日记】

1971 年 2 月 7 日（星期日）

早起进食。维志来，同去颐和园会晤岳美中谈至十一时，出园回家午饭。午后维志再来，代购米等杂物，留其晚饭。谈话甚多，九时去。天气佳，符合游园之望。

伍氏大学篇综述要点

伍庸伯先生讲"格物与致知"之意是引导人心向内用功的意思，分为两层含义：

责己不责人（躬自厚，而薄于人）是为人生活在社会上的"人己关"。

只知有内，而不知有外（外面的一切俱收照在内心），是为人生活在社会上的"内外关"。通过这两层窗口，则可以使人神不外弛，心自开朗精明。

"格物"之"格"字，是树木生长之由本到末的过程，形容同其他事物一样具有本末。知道格物致知之后，才能知修身为本，而后才能意诚而慎独。

【梁漱溟日记】

1971 年 4 月 7 日（星期三）

早起续写卫传。九时去北京图书馆入门一转即出，尚未如常开放也。晚间维博送葱来。

《我的自学小史》

此书是 1942 年我在桂林东郊七星岩广西省立教育研究所内，应《自学》月刊之约而写。原列出目次十八章，但因同时《中国文化要义》一书亦在写作中，难于两者兼顾，故只写出前十一章发表，其后目次未能完成。今后，由我述说你来完成以后的目次。

【梁漱溟日记】

1971 年 4 月 18 日（星期日）

早起续阅卫书。陈维博来，调动写字台。拆换被里。收张乃芳回信。陈维志晚间来，为谈我往事。

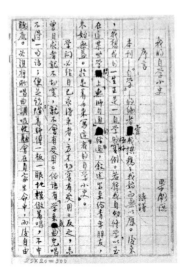

《我的自学小史》手稿 1942 年

《我的自学小史》第十三节"学医又学佛"

1911年辛亥革命推翻清朝后，我在京津参加了办报当记者的工作。那时，我有社会主义思想反对私有制。之后，又转到出世思想，打破了对社会主义的信念。

在这段参加社会工作的时间里，我看到社会上层中的腐败贪婪和下流无耻的行径，使我对人生产生了怀疑，直至产生彻底否定人生的态度，认定人生不对，人生是错误而且是根本错误。那么如何对待呢？是自杀吗？不是，自杀不能解决问题。

人在社会生存不满足现状，那就是有要求有需要。有了想法不能满足，就认为人生很苦。佛家就是要解决这个叫"解脱"又称"超生死""出轮回"的问题。世间的一切生物，生生死死，有死有生，有生有死，进入轮转，在生死里循环不完，佛家叫"孽海"。只有到了不生不灭的境界，勉强可以说达到了佛家的目的。

二十、二十一岁是我学佛又学医的时候。吃素不结婚，想出家到庙里当和尚。但同时又学医，想对世人疾病的痛苦有所解决。即使当和尚也免得白吃饭，对世间做些有益的事。

学佛又学医是没有人指点指教的，思想转到那里，我就买书来看。我学佛就去买佛书，那时候佛书有处找，如琉璃厂、东四一条街尽是书铺，还有南纸店都有佛经出售。北京有一家"有正书局"，其总店在上海，代售佛书。上海有本杂志叫《佛学丛报》，兼售南京"金陵刻经处"出版的佛书。那时，我不管是什么佛书，见了就买，看不懂还看。

这时，我心中总是有一个想法，能否在世上找到一位与我否定人生的思想相近且志同道合的人。慢慢觉得只有佛才能与我相通，我只有学佛才有对象沟通。

佛学有两种书，一种叫"唯识"学，这种书不好看更难懂。还有比它更难懂的书是"因名"学，它是讲逻辑、讲伦理学，不过是古印度的伦理学。佛教亦有伦理学，初一看简直不知道是在说什么，好在"因名"书中的句子，我还能给圈到底。"因名"与"唯识"学，让我读起来很费劲，当时连佛教中的大乘、小乘都分不清。大乘小乘各有宗派，在中国有十三宗之说。

我就是这样慢慢地慢慢地摸索进去的，学佛大概就是这种情况。

我二十岁时，家住崇文门外花市樱子胡同，正房五间是二层楼，我住在二楼。

学医一开始读《黄帝内经》，后又学习东汉时期被后人称为"医圣"的张仲景的《伤寒论》《金匮要略》等书籍。中医的治病叫对症治疗，讲得不十分明白，如头痛发热不是病，而是一种症状，让人不易明白，也算是中医的短处。

我常看的中医书还有《陈修园医书四十八种》，还有李时珍的《本草纲目》。

我不满足于学习中医，也想学习西医。刚好有江苏狄平子先生创办的"有正书局"及丁福保先生创办的"医学书局"，两个书局翻译的是西方医学，一般都是从日本文的医学书籍翻译而来，如《病理学》《内科学》《药物学》等。

西医讲病灶，以病发生在人体的什么器官和部位来确定治疗的方法。

中医的思维是把整个人的疾病与四季气候、社会环境等各种关系联系在一起来考虑治疗，这非常符合唯物辩证法，把发生疾病的内在环境与外界环境统统连起来看，不是孤立地看，不是呆板地解决问题，这是中医的长处，它不是治病，而是治人，是扶正。

在当时，我就很奇怪，中、西医为什么不能沟通呢？因为是两个哲学观、两个宇宙观。

我一边学习佛学，一边读中医书籍，同时也学习西医的书籍。我学什么，总是爱把学习的体会写出来，也积累了一些文章。

总之，以上所述的学习在家中搞了有三年的时间。

【梁漱溟日记】

1971 年 5 月 7 日（星期五）

早起维志来抄稿写稿。去看医药展览，新发明创造甚多。回家午饭。以 50 元付银行，以洗件（3 件）付洗。夏润生送书来，赠 15 元。午后洗澡于东四。

《我的自学小史》第十二节 "出世思想"

　　二十岁左右，我当时一门心思想学佛学，把自己从社会主义的思想中转出来。在二十三岁时，我写了一篇文章《究元决疑论》。为什么提到"究"？这与里面提到我十几岁时的思想有关，就是我对人生的一种看法。我发现有人处境很艰苦，但是他却比我快乐，而我自身所处环境尚好，却没有快乐的感觉。例如，家中雇有女用人，洗衣做饭搞卫生。她劳作时虽然辛苦，但从未表现出什么不好。我已长大成人，用人管我叫少爷，父母疼爱我，并没有责怪我不去挣钱。我除了读书没有旁的事，但我仔细观察，女用人每天都比我快乐。

　　我想彻底避免苦，就必须从欲望、贪心中解脱出来。如果人有这些欲望，人就不免于苦。苦乐就在于满意还是不满意。若想一切都得到满足是不可能的，不满足的次数一定多过满足的次数。

　　所谓满足，便是给人生的不满足填空。如若不能满足是一个空，人生就等于站在空上。人生的本位空是相对的，无论大小欲望终为一样。避免苦乐就是要不存欲望。欲望无非是心中想的事，如做官、发财之类。有些基本欲望，如吃饭穿衣等，放弃当然是不行的。

　　我很容易推论到这一步，一切欲望都放弃，等于像石头一样的物质，没有任何感觉，就可以把人生所产生出来的苦给摆脱了，我的思想一下子转到了这里。一般佛学家都未讲到"寂灭"，只有唯实家讲到了这里。

自己的思想走向佛家，并非是别人的指向（后来才知道，古印度时这种思想很普遍，凡学佛的人几乎全是如此）。

在印度另有一派，佛家给他的名词称"顺世外道"，俗话讲就是邪门歪道，在印度出现了很多"顺世外道"。

佛教派别虽多，但都是出世思想否定人生。不过当时我还很幼稚，并不了解这些，还觉得自己很高明，别人没有想到这一步。

从身外下手解决不了问题，所谓解决问题者，不过是解决了一个问题又引入另一个问题。解决了浅的问题，进入了深的问题。这样一来，解决问题就没有意义了。因为有永远解决不完的问题。

当时，自己认为别人都看不到这一步，只是在那里一阵阵瞎忙。

总结一句话：从开始计较利害，分析苦乐，从苦乐分析引到否定人生，进入出世思想，这是我当时理解的出世思想。但现在看来，当时还是没有真懂佛家的出世思想，还是很肤浅表面的看法。

欧洲的文明，荷兰是比较走在前面的，稍后是法国和德国，俄国更晚一些。我当时的思想从功利视角追求苦乐，是走边沁（英国 17 世纪的法理学家、功利主义哲学家）的思想，即所谓欧洲新时代的思想。欧洲十七、十八世纪的思想倾向就是如此。我在十七八岁时就不自觉地走向了欧洲新时代思想的路子，但突然一下子转了个大弯，转到印度古代思想，叫作"厌世思想"。这种转变应从我二十一岁说起。

我的大哥赴日本明治大学读商科，主要是学习银行、货币、资本主义经济学。辛亥革命后，清帝退位，他的同学分别担任各地都督等职。陕西省都督张凤翙开办"女子学堂"找不到女教员，经大哥介绍，我二妹（刚从师范毕业）去西安任教师。她只有十七岁，我虚岁二十。在阴历十二月中旬，我护送二妹去西安。乘火车经陇汉、陇海铁路至观音堂下车，改乘马骡车继续前行，在临潼过的年三十和初一。旧历初三、初四到西安，这时我父亲亦在此地。

　　我的父亲知道我有出家思想，他心里很不愿意，但又不出面干涉。我在此地对大哥说要吃素。

　　二妹在女子学堂教书，而学生与她的年龄不相上下，教书教不下去了，只好请辞。去回的时间不到半年。

　　那时乘骡车北返，途经灵宝时，晚上住的店是窑洞。正值闹土匪之后，市井萧条。刚一落脚，一位法国神父操一口陕西腔过来说话，他在当地传教。吃的饭是面条，没有任何菜，只能放点盐水，一点油也没有。住店交店钱，不按人头算，而是按骡车算，一架骡车只收五个铜圆。在此地，我才正式地茹素，至今几十年不变。

【梁漱溟日记】

1971年5月8日（星期六）

　　早起维志来抄稿。出剪发于八面槽，购菜于附近。阅崔建华送来《参考消息》。雪昭来借去50元。晚间维志、维博先后来，为维志谈出世思想一段。

《我的自学小史》第十四节 "父亲对我的信任且放任"

　　我的父亲名梁济，号巨川。他是我祖父的独子。祖父在三十六岁时就去世了，留有嫡祖母和庶祖母。嫡祖母没有生育，父亲为庶祖母所生。祖父故去时，父亲才六七岁。

　　嫡祖母姓刘，主持家中各种事务。她念过书，能够作诗习文，是有文化有学问的这么一个人，因受过传统教育，管教我父亲十分严格。听嫡祖母说，父亲常常垂手站在嫡祖母面前，不能蹦跳玩耍。这是父亲对我放任的一种对照。

　　祖父在山西做官，俸禄还可以养家，一旦故去，家庭生活没有了经济来源。嫡祖母就在家开蒙馆教小学生念书。每位学生收一点学费，我父亲的开蒙就是这样过来的。

　　父亲十三岁时，嫡祖母故去了。父亲三十六岁时才有了我，从他的日记里流露出，小时候嫡祖母管教太严，身体和心理上都受过一点创伤，所以，他对我就宽放多了。在我的记忆中，父亲从来没有打过我，却看见过他重责我哥哥。

　　我们兄弟两人，还有两个妹妹。我母亲在学校做过教员，却从未教过我读书，仿佛是信任我能往好的方面去，不会走下坡路。由于父母的信任，我就放任了。

　　在我的记忆中，父亲对我和妹妹从来没有表现过很严肃的面孔，总是和颜悦色，连邻居的孩子看见他也不害怕。他喜爱孩子，爱与小孩儿说话聊天，有时候给孩子讲历史故事或讲戏曲故事，稍带有指教的味道，有时讲爱护身体和讲卫生等话。

对于我来说，一个重大的问题是十九岁中学毕业后不想考大学，而是抱有出世思想。父亲并不督促我考学，他的态度是一切随你。这里面就有信任的意思了。他知道我不是偷懒怕上学，而是我有自己的生活主张，不强制干涉，这就是放任了。

还有一个重大问题是我抱有出世思想而不结婚。母亲病重，人快要不行了，从前父母把儿女的婚姻当作自己的责任，婚姻事不办完，就放心不下。家里几次订婚，我总是拒绝。母亲病重危急时拉着我的手，意思是不要不结婚。父亲在旁边一句话也不说。

第二天，父亲留字条给我，大意说，你母亲昨天在病危时以私情劝你，让你听话，这样说不合适，应当鼓励你的志气，不要牵拖着你的远大志向。仿佛是说不结婚不太好，现在不愿意结婚，也可不忙于结婚。父亲在这件事上采取不干涉态度。其中还有一层意见，孟子说过，"不孝有三，无后为大"，你这样做很有对不起祖宗的意思。我父亲临终前，也没有见到孙子。

父亲故去三年后，我二十九岁才结婚。他对我的放任，对我的影响很大，任随我走自己的路。我后来的人生都和他不干涉我的发展关系极大。他不是正面地教育我，而是消极地不干涉我，反而成就了我的一生。

后来，我编辑了父亲遗作《辛壬类稿》等六部，合印成《桂林梁先生遗书》及年谱，由商务印书馆出版。

【梁漱溟日记】

1971 年 5 月 11 日（星期二）

维志昨夜晚来，今晨来抄稿。灶火未升，出外进食，购点心、红柿、黄瓜等。建华送来《参考消息》阅之。维志晚来，为谈自学小史十四题。

《我的自学小史》第十五节
"当年倾慕的几个人物"

清末中兴名臣胡林翼

我青年时心中有一个很佩服的人是胡林翼（湖南益阳人，道光时进士），在当时社会有曾（国藩）、胡并称之说。

胡林翼没有曾国藩做的官大，他只做到省一级的"巡抚"。我佩服胡，和我的父亲有密切关系，他对胡的佩服在于他的为人行事。我父亲有维新的观点，即重在务实上。他对学问和作文不是很感兴趣，而对于现实的实际问题却看得很重。胡公是一个能解决实际问题而不尚空谈的人。

当时上海有一个广智书局出版了铅字排印的《三名臣书牍》，是讲清末中兴大臣曾国藩、胡林翼、左宗棠的故事。我父亲有一次去琉璃厂装裱字画，亲眼看见有人送来胡林翼的亲笔书札要装裱成册页以便于收藏。父亲看到后爱不释手，一连几日就到装裱店铺将胡公的书札全部抄录下来，在先父的日记中有过这样的记录。

书札这种文体和其他文章不同，书札是因为当时就彼此间的问题来沟通，或解答，或解决，或指导，能充分表达一个人在一件事上的鲜明态度和为人行事的风格。

从书信中就可以看出彼此是不是负责任的人。当时国内北方有捻军，南方有太平天国军，要想安定国内的大局，就必须要解决两大问题，一个是用人的问题，要有能领兵打仗的将领，县、州、府、道要有好官实行吏治，抓好一方平安。把事情做好非知人善用不可。用人必须要信任他，方可用他，但还需要在能力上指导历练他。掌握大权的人必须要注意用人。还有一件大事就是理财筹粮饷。我父亲佩服胡公就在这两点上，并称赞他"精""实"。胡公通信与人交代的事情，说得精切深透，没有一句空话，句句皆是精练。

我与先父的着眼点不一样，认为胡公的为人在敢于"包揽与担当"。一个地方官的职权有限，胡公不只是在他权限范围内尽职尽责，但他把本可以推开不管的事都包揽起来，认为是自己的事，努力解决之。

胡公一心为国家着想，随时随地留心关注人才，他不仅发现人才大胆使用，而且不断地把人才推荐给别人使用。

在三名臣中，我不喜欢左宗棠。左是湖南湘阴人，在乡中考中举人，就再没有往上考，一直居乡中教书。胡公认为左宗棠有大才，就把他推荐给湖南巡抚骆秉章做幕僚。

胡公爱惜人才，得知严继明贤良，便向西太后慈禧专折奏保，奏章中有"身不足七尺，心雄万夫"言语，保举他"办粮台"，即军中粮草总办，现称"后勤部"。至保举之时，胡公与严继明未谋一面。严从此起家，官至户部尚书。后严继明因对西太后挪用建海军的银饷修建颐和园不满，拒而不发，被慈禧太后革职回家养老。

清末中兴名臣郭嵩焘

第二位我喜欢的人物叫郭嵩焘，他也是湖南人，与胡林翼又是同时期的人。继《三名臣书牍》出版后，广智书局又编写《三星使书牍》一书，为什么称星使？就是大清派出到外国做公使的人。

郭嵩焘是大清王朝派驻欧洲英国的第一位公使。他到任后，仔细观察了解英国及其他国家的现状，深感中国与欧洲有很大不同，他们有很多的长处需要我们学习，如果长期落后下去，大清王朝的前途就很危险了。他对西洋的经济、政治、文化等长处都有深入的了解。这些对没有出过国的读书人而言是根本不能知道的。

于是，郭嵩焘便将他的见闻和体会主张写信告诉国人，并整理成《使西纪程》一书，寄回国内刊行。郭嵩焘主张中国非学西洋不可，然而朝廷的守旧顽固派对郭的主张大肆诋毁，骂他跑到外国随了洋鬼子一类的话，湖南人非常排斥他，不承认他是湖南人，不许他回湖南，并扬言要挖掘他家的祖坟。他的儿子回湖南好像还挨了打。最终不得不将刊出的《使西纪程》一书收回销毁。反对郭的呼声仿佛是一种群众运动，可见朝廷顽固守旧派的势力很大。

那么，郭嵩焘的长处在哪里呢？他与胡林翼不是一个路子，却有相同相近之处，就是勇于承担责任不怕困难。他有自己的见解和主张，不随波逐流，不怕别人反对，也不怕挨骂，我最钦佩和喜欢他这一点。

这和我家的处境很有相似之处。小时候，父亲倾向维新，他的思想，亲戚朋友和有交往的人都不以为然，他们都认为我父亲"个别另样"。举个例子说明，我父亲极力反对女子裹足成小脚，但这是当时女子必须照办的风俗习惯。我母亲便放足，妹妹不裹足。这一举动令亲戚朋友都觉得怪异，而街坊邻居都猜测我们是信"教"（天主教、基督教）的人。我们遭到嘲笑和排斥，如果没有勇气就扛不住，无法在此居住生活下去。

【梁漱溟日记】

1971年5月13日（星期四）

早起维志来抄稿。八时去政协学习会，十一时回家午饭。午后去朝阳菜市购菜。阅《哲学辞典》。收恕儿寄来照片。发王秘书一信。

做事与学习及成功与失败

　　我做事认真不苟，对发现的问题，抓而不放，是因我的主见独立不倚。

　　我的学习方法与众不同，不但研究自己追求的道理，而且更要明白与自己观点对立者道理的由来，知其然更知其所以然，以自己的道理容纳并归并他人的道理而完善自己的理论。

　　自己无心于做学问，而是由人生问题、国家问题引起我的深思而入于哲学境界。

　　我的学习主要在"思"上下功夫，在掌握重大问题的"要点"上，抓住不放。

　　我的一生有成功的地方，也有失败的地方。成功的地方，是我深刻地认识了中国社会的特殊性。失败的地方，是我忽视了中国社会的一般性。我强调了中国社会阶级不成为一个阶级，而没有认识到中国社会各阶级的不定型性。

《我的自学小史》第十六节
"思想进步的原理"

我是一个什么样的人呢？从一方面说，是一个很呆笨的人，从另一方面说，也是一个很聪明的人。怎么说呆笨呢？就是对做事很固执认真，俗话叫"死心眼"，凡是我认准的一个道理，抓住不放松，一追到底。这样的结果是容易有自己的主见，不论什么问题和事情，只要和别人的见解不和，哪怕是微微有点不合，我都感觉得很清楚。这样一来，与别人不一致的问题就多了。但我又不肯调和妥协，总是要追究到底谁对谁错。但我亦不轻易否定人家的意见，总想找出别人与我意见主张不同的根据在哪里，如果不能把他的道理容纳过来，我的道理就站不住脚。所以，我决不忽视对方的理论根据，而是很用心地去找他人理论根据之所在。这在我的治学方面起着很重要的作用。一直到我把别人的理论容纳在自己的理论之中，我才能放心。

在这一点上，我与他人不同。举个例子说，我认为儒家道理对，不可推翻，可是西洋文化传入中国后，儒家备受打击。在文化界有这么一种说法，只有古今，并无中外，人类文化进步是后胜于前。而我所相信的是"古"，难道就完全推翻中外，只留有古今的理论吗？

有人遇到问题视而不见不加思索不去探究，可是我却不行，不能任由它去，总要找出一个合理的说法，既不改变我的主见，又要把它给容纳过来。

我对人生最早的看法是苦乐问题。别人的道理解决不了这个问题，而我心中有主见，凡是与我主见有冲突、矛盾、不合的地方，就抓住不放松，总要想法求其通达一致，所以，自己也就不断地进步了。

我随时随地用心，把不同的事物道理都掌握在手中，使自己的观点主张不能落于片面和简单。我对某一事物研究得很细密，照顾得很周全，但我亦并不是抓住已得的观点主张不改，有时要修改自己的东西。如我听到一种新观点理论，是我所未曾想到的，我就要修改，决不抱残守缺。

我的思想突变也是经常有的，甚至是彻底地翻过来。怎么会有这种情况呢？这是我对事物追求认真不放松，一步步地深入，随着见闻日广不断地整理自己的思想，方有醒悟乃至幡然改图，进入一个更深的思想境界。

心中时常带有问题，才能在追求中得到解答。我没有读过"四书五经"，开始亦不懂哲学，更没有想学哲学，就是因为思想总往深处去追求，就不自觉地走入哲学之门。我对于政治经济学等知识并非是想要学，而是国家贫弱的问题如何解决摆在眼前，改造国家就需要研究政治、经济的问题了。我十几岁时，把康梁立宪派与孙中山革命派的论战文章都找来仔细阅读，从中学到很多政治、经济、法律等知识。

我对于某些事情兴趣之由来，多半是从阅读报纸和杂志开始的。有了兴趣就不放手，再去找书来看。我很重视自己最初的见解，尽管它片面，却与众不同。若不抓紧，就等于把问题放手了，就不会有进步。对于所见的不同，马上用心地去追求就会有进步。

自己本来没有学问，但不知不觉地便积累了很多知识，涉及很多领域。我可以说，除了对佛家的书用了一番苦功，对其他的书没有真用过功夫。《论语》上有这么一句话"学而不思则罔，思而不学则殆"，我自己是思多于学。若论学，我可能不如人家学的知识多，读的书多，但我比别人更能够掌握要点，更能够领悟其精神，都是由于精于思的结果。

我评价自己是善于思想的人，并非是富于学问的人。这一点旁人也许不一定清楚。

在此说一下朱谦之先生，他就是富于学问的人，懂得的学问多，写的东西多。例如，他考证《道德经》，把前人一百多种考证的著作全部拿来逐字参证，工作非常繁细，撰成《老子校释》，于 1963 年由中华书局出版。我把他送给我的书交给全国道教协会会长陈樱宁先生看。他看过说，《老子校释》一书比过去考证老子的书都好。而我呢，就做不来这项工作。我对其书通其大意便够了。同样，对于孔子的《论语》这部经书亦是如此，只明白其大意，若旁人提出书中字句上的问题，我也不一定全都能回答出来，我认为是不大要紧的。论博学我不够博学，有人误认为我博学，是他不深知我。朱谦之先生可以说是博学，但他"博而寡要"；而我呢？则是"要而未博"。以上所说可参看我的《卅后文录》中《如何成功今天的我》一文。

【梁漱溟日记】
1971 年 5 月 18 日（星期二）

早起进食后去紫竹院散步。购西红柿、黄瓜，回家午饭。菜出看文洤。写稿一段。为维志谈思想进步的原理。

《我的自学小史》第十七节
"东西文化问题"

我说自己很呆，但我对感兴趣的问题和事情抓得很紧。关于一个问题有不同的思想言论，但都能并存在我的心中。

关于东西文化问题，很多人容易持一种见解，把东西文化调和融化成新的文化。国内外有名的学者也是这样认为。梁启超在1919年出版的《欧游心影录》，记录的是在第一次世界大战后，他与大约五位朋友同去欧洲访问。此时，战争的残迹还未清理，他们所看到的城市残破不堪，满目疮痍，欧洲人在精神上受到很大的创伤。

这场战争大约死了2000万人，物质上的破坏，精神上的摧残，欧洲人的心理好像失去了主宰。痛定反思，怎么一场战争就会造成这样的残局？战胜国和战败国同等凄惨。最后，不能不说是自己的文化造成的，因为自己的文化出了问题，所以酿成这样的结局。大家在思考，战争后社会仍需往前走，但走什么样的道路呢？大家心里都茫然无主张。梁启超访问一些名人学者，大家也都在叹息。如果还继续走过去的老路，那么，会不会还有一次大战呢？所以，他们对东方的古文明抱有一种幻想，觉得东方的文明有价值，到头来，还是要依靠东方的文明来拯救西方的灾难，很多人都有此共识。

欧洲本身没有产生自己的宗教，基督教、天主教都是从东方传播过去的。他们有这种看法和思想，觉得战争造成的灾难，是由于科学的发展而造成的，比如枪炮等，这是科学造成的流弊。他们希望有一种掌握科学的精神，让科学只能给人类造福而不会造成灾难。梁启超此次欧洲之行所听到的大概就是如此。

梁启超是维新人物中最早学习西方文化的人。他调和地说，东方文化有价值，西方文化有文明，都是有价值的。胡适在他的《中国哲学史大纲》里也作如是说。他说得堂皇，而他的思想里没有看重一点中国文化。解放后批判胡适宣传的"中国文化是一种虚无主义"和全盘西洋化，他的骨子里恰恰如此。

五四运动前后有三位外国大名人来中国访问。一位是美国的哲学家、教育家也是胡适的导师杜威博士。杜威不是巧滑的人，他说中西文化各有所长，以后在调和中会产生新的思想。

另一位是英国数学家、哲学家罗素，他与杜威在哲学根底上不一样。他的好恶爱憎比杜威要深刻一些。回国后，他写了一本书叫《中国之问题》，意思是说，中国衰弱被各国欺负，本国工商业科学也不发达，这个问题是非要学习西洋经济、工业、军事不可。他也称赞中国人心性宽厚、心平气和爱讲道理等。

第三位是印度泰戈尔，在 1924 年访华。他在 1923 年获诺贝尔文学奖名噪一时，尤其是在欧美地区很多人对他顶礼膜拜。他来中国极力推荐印度哲学，指出西洋文化的缺欠，他对中国问题是有所见有所感的人，但他对中外文化也是归到调和论上来。

蔡元培先生访问欧洲前，大家开会送行，会上很多人都说些调和的话，把中国文化好的带去，把欧洲好的文化带回来。我在会议快结束时说，大家都如此说得好听，什么是西方文化暂可不问，但把东方文化带过去，带什么去呀？不要说空话，要有实际的内容呀。大家都无语应答。

散会后，胡适及陶教授走过来说，先生提的问题很好，但天气太热，大家不好用思想，以后再研究吧。

在北大同事中，我始终认为这个人了不起，他博学多才，长处多毛病也多，这个人就是陈独秀。只有他与众不同，因为他说对中西文化"不破不立"。我赞成他的态度，从一方面说和我的意思相近相合，因为他从不说模棱两可的话。我之所以要写《东西文化及其哲学》就是从这里来的。

陈独秀的意思是真的不要中国文化，我是要彻底认真地站在中国文化一边。我的思想一上来就是英国边沁的功利主义派，然后一转到印度佛学思想，后又再转到中国文化的一边。我站在东方文化的立场是不能变的。但对西洋文明的长处又是承认的。究竟东西文化能够结合起来相通，还是不能够相容，不能不认真解决，不能含糊。众人的意见是，东西文化包含的内容太宽泛，需要时间，将来自有解决的办法，现在是急不来的。对于这种不急不忙的态度，我坚决反对。

从整个世界上看，西洋文化在全面扩展，并占领东方的印度。全球都成了西方文化的世界，都变成了他们文化的殖民地。从西方文化压倒东方文化来说，从清朝同治年间就想学习西洋文明，如坚甲利兵洋枪洋炮海上炮舰，看得深一步就是办教育，学习声光化电。清廷重臣曾国藩、李鸿章就是如此。当时有名的人物张之洞写过一篇《劝学篇》，扼要地讲，就是"中学为体，西学为用"，开始看到西洋科学发展的厉害，所以我们也建新海军、陆军，装备西洋枪支炮舰。但甲午战争一战，海陆军皆失败。反思起来方晓得这样学西洋是不行的，要改变教育的方式和内容。所以才有废科举、兴学校、办实业、开矿山、修铁路之举措。但后来，智士贤人觉得这样做也不能改变现状，更主要的是要改变政治体系，所以才有了一

　　　　　　　　　朝夕琐记：梁漱溟晚年谈话录

派主张君主立宪制，学习英国、日本的国体，而另一派则主张学习美国、法国实行民主共和制，大家都把视点关注在政治体制上。

五四运动爆发后，人们的认识更深一层了，中国不单是政治制度不如西欧，就连人生伦理道德这方面也不行了。以前是没有人攻击孔子的，现在攻击孔子代表的儒家落后腐俗，很显然是学习西洋思想的结果。西洋思想一步一步深入，中国的传统文化一步一步后退，把中国仅存的民族文化精神也要舍掉。问题是，西洋文化那一套，是不是要把中国文化连根拔掉呢？怎么能说这还是长远的问题呢？必须在思想上有所解决后，才能迈开步子走路，这是不能敷衍塞责的。以上的想法，也是我写《东西文化及其哲学》这本书的原因之一。

我与很多人谈这个问题（我认为他们学问比我多），他们皆表示我提的问题不好解决，因为包括的内容太多，不好研究，以一个人的学力是不能懂得那么多的。

但我心中有数，不论是什么事，还是一定有"根"的。中国文化、印度文化、西洋文化，我抓住了它们文化的"根"。"根"是什么呢？"根"就是人生态度。后来我写的《中国文化要义》一书，也就是围绕这个"根"而展开的。直至今天我也没有改变。

人生的三个问题，人生的三种态度，也就是我用以比较东西文化的武器。

【梁漱溟日记】

1971 年 5 月 20 日（星期四）

早起写稿，散步于附近。维志来抄书。去政协学习会，听赵发言。十一时回家午饭。去八面槽洗澡剪发、购面包回家。晚间为维志讲东西文化问题。

学习中共五十年党史的感想和认识

今天在政协小组学习会上，我发言约 70 分钟，反响颇好。内容是说：唯成分论抹杀了人的自觉能动性，把问题看死板了，落于机械唯物而不是辩证唯物。唯物观点是左的，机械唯物就是形左实右。

社会生产力的发展，推动着历史车轮前进。这本是唯物史观的观点或称历史唯物主义，但唯生产论就又不对了。一切过去历史上的社会生产力发展都是自发性的，即是一种自然的客观事情，但在资本主义这个历史阶段后，便要转入社会自觉地有通盘计划地去发展经济。当自然性要取代自发性的时候，还要循由过去自发的老路，不晓得发挥人们的自觉能动性，那恰是一种倒退。

陈独秀机械地等待社会生产力自发的发展，就是错信"唯生产力"论，完全不想夺取政权，自觉自愿地从上层建筑的反作用去发展社会生产。不论"左倾"或"右倾"，一致的病根都在主观意图不符合客观事实。关于农民的武装与思想及无产阶级化是马恩著作上找不到的，这是毛主席应用辩证唯物主义，把马克思主义的基本原理，具体应用到中国革命实践中得来的。

【梁漱溟日记】
1971 年 7 月 5 日（星期一）

早四时半起来即续写发言稿，满五纸后即敷今日发言之用。八时半抵政协学习会，发言约 70 分钟，反响颇好。领取工资回家午饭。二时半去东风市场配购提包的背带。回家晚饭落雨。

《我的自学小史》第十八节"回到世间来"

1920 年我在北京大学哲学系讲授"印度哲学",同时开讲佛学中"唯识""因名"学。讲了一段课程并撰有《唯识述义》第一、第二册出版。在课余之时又作了"东西文化及其哲学"的讲演,由北大同学陈政作笔录。

当时,北京大学有个团体叫"少年中国学会"发起讨论宗教问题的讲演。我与李石曾被邀同一日讲演。我从午前一直讲到日落,李石曾听了我大半天讲演。

我在没有被邀进入北京大学之前,自己是一心想出家,经历了在北大的一段工作生活后,觉得出家生活也许是行不通的。繁重的讲学与写作的生活与出世的思想是非常矛盾的。在大脑中出现各种纷杂的现象,引发人的好名好胜的念头在心中泛起。现实的生活和工作与思想中的出家思想完全是背道而驰的。这种念头还是从自身上来的,因为在思想中还是"有我"而不是"忘我"。身体的另一个念头就容易引发男女的欲望,一方面思想中想出家,另一面又不免从身体中发出欲望的念头。思绪纷杂,纠缠不清。首先是在精神上矛盾相交,使自己原有的失眠更加严重,容易头痛,情绪急躁不安,心身仿佛变了一个人,每天在这种情况下生活怎么得了呢?

我首先想的是把生活简单化,先养好病。我向校方辞职,但蔡元培校长不肯放我走,于是请了长假。我在年底到万牲园(即现在北京动物园）后面长河的北岸极乐寺暂歇。此寺前殿已经破损，房顶已露天，后殿还算完整。庙中仅有一个和尚看守。

我借住在庙里，笔墨纸砚书籍报刊一概不带，专心在此静养。就在此时遇到一位很了不起的和尚，他法号省元，是修禅宗比较成功的。与他同住庙中得到他不少指点，使我对禅宗多少懂了一些。我在庙中住了有40余天。

1921年夏天，我应山东济南教育厅邀请，讲演"东西文化及其哲学"，由北大同学罗常培记录。每当讲演后，将上次讲演辞整理印发给听讲的人。记录整理终赶不上讲得快，在山东济南讲演结束，其整理讲演稿只有十分之九。返京后，我将陈政与罗常培两人记录的讲演记录，加上未完成记录的十分之一，统一整理成《东西文化及其哲学》一书，同年10月由北京财政部印成专书出版。

此时正是我失眠与头痛最严重的时候。有一天，我随手翻阅到《明儒学案》中的"泰州学案"中王心斋先生一节。我对心斋先生的感觉特别好，他可以说是做工的出身，从事海水晒盐的工作。后人将他归为王阳明门下，其实我认为他自成一派。在翻阅到其子东涯语录中有"将议论讲说之间，规矩戒严之际，工焉而心日劳，勤焉而动日拙，忍欲希名而夸好善，持念藏秽而谓改过。据此为学，百虑交锢，血气靡宁"。视之震惊，自己此时正落在"百虑交锢，血气靡宁"这八个字上而不能解脱。若超脱出这八个字，便会有自然顺畅之精神，我改变自己的现实生活，回到世间来，彻底放弃出家的念头，转折点就在此。

一旦放弃出家的念头，便有了结婚的想法。然而，我已素食十余年，自然不会改变。在我身边并无合适和中意的女性朋友。自念我不会经交游女友而择婚，势必依靠旁人，热心者自亲兄妹以至远近长辈亲戚虽多，但究不如相知的师友其眼光更与我相合。

伍庸伯先生是我心中最敬重的人，他便与我说，你放弃出家的想法是真的吗？如果是真的，那么我来为你做媒人。他问我择偶有什么条件，我说没有条件。伍先生说哪能没有条件呢？我便提出两点想法：一是我不问她念过书没有，识不识字不要紧；二是我不问她的家庭如何，年龄大小都不要紧，至于相貌如何全无计较。

伍先生听后便说，你这么一说选择的范围就很宽了。但不能没有标准吧？其实，我心中是有要求的，只是没说出来。伍先生一问，我便说：一是希望配偶性情宽厚平和；二是希望配偶能不庸俗计较；三是希望配偶不要顺从社会的不良风气，要有超脱的气魄。伍先生听后便说：你说没条件，其实你要求的条件很高了。按你说的条件还真有一位女士适合你，可以介绍给你，就是我的妻妹黄婧婳女士。

我是从心里信任伍先生的，我听从了他的话，就同意了这桩婚事。我提议将她原名改为"靖贤"二字。当年十一月十三日，就正式结婚。

【梁漱溟日记】

1971 年 7 月 23 日（星期五）

早起阅《自然辩证法研究》有所标记。出购食品于王府井。去新华书店觅《自然辩证法》不得。访谦之觅借亦不得。凉爽。午后四时维志来，知其伤足请假，为杂谈过去琐事。

《人心与人生》一书

现在所写的《人心与人生》是介于体质人类学与文化人类学之间的一种新开辟的人类学。

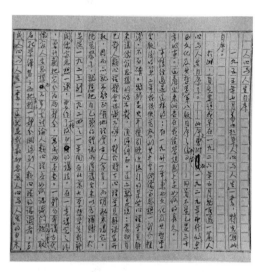

1955 年，梁漱溟《人心与人生》自序手稿

【梁漱溟日记】

1971 年 7 月 25 日（星期日）

早起去鼓楼进食。维博来嘱其购核桃 1 斤。维志午后来，为其谈我读自然辩证法。晚饭后谈欧洲政制。维博代购台灯，未留用。借给 7 元。

清季以来的学术变迁

不解决问题的学问不算真学问。在清朝二三百年的知识分子中，他们讲的学问主要是在三个方面。

第一种是考据之学，大致可说是"经学"，是对古书中的文字作工作的学问，也称之为"小学"。文字工作包括三种，音韵、训诂、形体。读古经书必须理解它的含义，就必须要识"字"，这里面也包括当时的文物、地理、制度等。这种学问在清朝知识界很盛行，许多宋明儒家所不重视的古书，在清朝时被整理明白清楚了，所以又称为"汉学"。

第二种是义理之学，宋、元、明儒家学案都称为义理之学。比义理之学更重要的学问称为"宋学"。汉唐时期儒家讲释经书，没有人往人生方面去寻找。宋朝大儒周敦颐以道家太极阴阳五行学说诠释经书，其弟子为程颢、程颐。后人称他们为孟子以后1400年可以直传孔孟的人。但这种学问在清朝不太兴旺。

第三种是辞章之学，讲究做文章。赋是东西汉时的文体，是介于诗、文之间的边缘文体，我看价值不大。在清朝，安徽桐城派古文很出名，他们学习《史记》《唐宋八大家》等文章。这一派在五四运动时期还与白话文的倡导者进行过论战。

清朝时期汉文学所讲的学问大概不超出这三种。但在清末期学术界慢慢地转向周秦的古文籍，这是好的风气。古文经学派是按照春秋战国至秦所颁布的文字解释而写的文章。后来又有今文经学派，是依照汉代的文字内容来解释经典著作。文字内容的不同，亦兼带学术思想的不同。孟子说《春秋》是孔子作。为把经讲明白，出现三种传：《左传》《公羊传》《谷梁传》。三种传又各不相同，《左传》把《春秋》上的话铺叙得详细，把整个事情叙述出来。《公羊传》不具体讲《春秋》上的事，着重阐述"微言大义"，论说谁有道理，谁无道理。《谷梁传》与《公羊传》较为相近，但其以文阐发经义又有不同，更为谨慎。

东汉末年，郑玄把古文经学派与今文经学派融会贯通，形成了统一独特的见解，是汉代经学集大成者。

清末民国初年，学术界风气又变了，大家喜欢谈今文学经派所注的《公羊传》。康有为大谈《公羊传》是为他推动维新运动，借孔子托古改制，为推行变法维新制造舆论。

在此之后，西洋文化进入我国。社会上有了两方面的变化。一是自然科学又叫"格致"之学，就是大学里所讲的自然科学。二是曾国藩、李鸿章在上海建立"制造局"，制造枪炮、弹药、轮船、机器，并设有翻译馆翻译外国自然科学书籍，还有一种是西洋的传教士，宣扬宗教是社会科学。梁任公著有《清代学术概论》可参看。

【梁漱溟日记】

1971 年 9 月 23 日（星期四）

早起进食后去政协学习会，发言为当前两大问题而工作。王有许多话。午饭后散步于酒仙桥一带。李健生送来潘信各件。维志来，为谈清季以来学术变迁。

儒家大旨

孔子在他的《论语》中有很多教育弟子的话，其中最要紧的三句话是"居处恭，执事敬，与人忠"。他教弟子就是从这三句话开始，在具体事情上给予学生态度和行动上的指点，有的放矢，不尚空谈。

学术是社会的产物，都是从简单到复杂，从粗糙到细致，并越来越抽象，自然的趋势是往抽象的路上走，这是学术发展的必然之路。

我用浅明易懂的话，来说明一个道理，而不一定要引经据典。我们做事情首先是有感情而不是漠然。在社会生活中，随时都会有所感，随时都会发生应有的感情。怎么做才会有应当有的感情发生呢？这就要靠心思无所滞留，心若有所牵挂，势必有不至之处，则心就不能流畅自然。随感而应，过而不留，这才是人们情感的大概过程。

认真仔细地分析，人是没有没情感的时候的，只不过有时情感轻微，有时情感激动。比如光线很强的时候，心情是一种状态，而光线弱的时候，心情又是另一种状态。光线强弱程度不同，人的情感也会随之有所变化。

儒家特别注意人的感情轻重不同。儒家讲人伦，视而不见、心不在焉，便是"死板"。这是孔子在世时非常看重的地方。

我们承认社会是有阶级的。在没有阶级之前，由于经济不发达，社会不分工，劳动是成群结伙的，主要是以猎兽打鱼为主的劳动。平均的劳动价值很低，只够人们生存的需求，没有多余的果实可以剥削。杜林说，阶级是从暴力来，用武力来压迫。在社会经济的发展进步上说，自然就有了剥削与被剥削的两个阶级。在政治上说，就有了统治阶级和被统治阶级。随着人类社会文明与经济的发展，还是必将由经济的发展而消灭阶级。

孔子的时代是个阶级社会，但究竟是什么样的阶级社会还不好确定。从社会发展史上说，是奴隶制社会和封建制社会，也可以说既是奴隶制社会又是封建制社会，又可能是介于二者之间的社会。但可以肯定，孔子本人属于统治阶级，但孔子不是立于本阶级的利益向社会进行剥削和索取，而是反过来用在自己身心的这一面。这在《大学》篇里叫"修身"，孔子本人称"正己"。他在《论语·宪问》篇中有"子路问君子。曰：修己以敬。曰：如斯而已乎。曰：修己以安人。曰：如斯而已乎。曰：修己以安百姓，尧舜其犹病诸"。

孔子的功夫以"敬"为其要点。表现为"敬"的话有"出门如见大宾，使民如承大祭"。在《论语·子路》中有"居处恭、执事敬、与人忠"。其"敬"字，可以一言以蔽之。他对弟子的指点都在一个具体的事情上，很少讲空而无物的道理。

宋代的儒家，不同的人有不同看重的地方。有的学者主张"静"，有的学者主张"敬"。我的意思是，两个字音同而字不同，内容也不相同，它所代表的思想也应不同。只能用心去体会，但我指不出来。

周濂溪与朱熹都喜欢谈哲学，常常讲一些抽象深奥的话，让人搞不清其真正的含义。例如讲理、气、心、意，让人搞不到一起，使人学而无收获。

学术研究应该是从不明白到明白，从没有定论到有定论。宋明儒家的书大概永远没有定论。

从无生命的物质到植物的出现到各类动物出现以至出现人类，从比较明白确定的事实入手，就容易使人看得清楚明白。我的《人心与人生》第十、十一、十二章，讲了人的身心关系、脑心关系、脑与身的关系，尽量避免使用不确定名词，不能再像宋明儒家的讲学方法，使人摸不到头脑。

我常说，什么事情都要从头说起，不要停留在语言文字上，要还原具体事物真相，把问题搞清楚，才可以解决问题，学问就是解决问题的。

清朝的大学者颜习斋和学生李恕谷对宋明儒家学说进行了猛烈的抨击，以"误尽天下苍生"为由，创立"颜李学派"，得到后人的认同。颜、李两位皆是视现实社会有感而发，认为当前儒者什么都不会干，异族入侵不会打仗，离孔子所教弟子之文事武备相去甚远，故大力提倡"复古"。"颜李学派"反对宋明儒家的话应该承认，但矫枉过正则有所偏矣。

【梁漱溟日记】

1971 年 9 月 25 日（星期六）

早起写稿（注文二则）。出订牛奶付 3.51 元。兑潘 50 元。菜出购得白兰瓜尚好。维志来，为谈儒家大旨。

朝夕琐记：梁漱溟晚年谈话录

明末清初几位大儒

　　颜习斋与李恕谷是明末清初的儒者，他们所倡导的"颜李学派"形成了功利论的从实际事物中寻求道理的路。从"见之事""征诸物"的观点，提出了体用一致，以为"致用"才是学问的观点，反对宋朝程朱的理学。颜习斋提出的"存性、存学、存治、存人"的四存主张受到文化界的关注。

　　黄宗羲是明末清初时期的大思想家和史学家。其父被宦官所害。清朝定都北京后第二位皇帝康熙通晓汉学"术理经韵"，而且聪明过人。他喜欢儒汉之文化，招揽天下有名之士开特科"征君"。黄宗羲著有《明夷待访录》，提出"天下为主，君为客"的民主观点，并发挥了中国固有的民族思想。他有一篇《原君》的文章值得重视。

　　王夫之（世称船山）是湖南衡阳人，一生历经磨难，有"六经责我开生面，七尺从天乞活埋"的自题对联，体现出对传统文化继承开拓的责任感。他遍读史书，著有《读通鉴论》一书，值得重视。王夫之对佛学中的"唯识学"有一定研究。

　　顾炎武是江苏昆山人，他一生抗清复明无果而历经磨难，之后遍游国内高山大川考察各地地理，研究历代兴亡之间的关系。他著有《日知录》，是他遍读历代史书后的体会。另外，他讲文字音韵非常有名并著有《音学五书》。他所提出的"天下兴亡，匹夫有责"的口号，更为中华民族复兴之警语。

李二曲是陕西周至县人，明清时的大儒家。他家贫苦读，成为一位了不起的大家。他提出"明道存心以为体，经世宰物以为用"的观点。他著有《四书反身录》，是地道的明儒，遵循孔子修己以教之道，躬行实践之所得。其人品道德颇受当世儒者尊敬。

【梁漱溟日记】

1971 年 9 月 28 日（星期二）

早起改稿为注文。阅解剖小册。菜出购回白兰瓜、香蕉。晚间维志来，为谈明末清初几大儒。

朝夕琐记：梁漱溟晚年谈话录

《柳文指要》一书

章士钊先生送我他著线装本《柳文指要》一书。其内容简要为三:

此书中对形式逻辑多有发挥。

此书颇有借柳文发挥民主主义思想。

此书在形式逻辑中又包含一些马克思主义的辩证逻辑。

【梁漱溟日记】

1971 年 10 月 30 日（星期六）

早起进食。写信谢章老,又发王星贤信。天气连日都好。申府来坐,借去《参考消息》。维博来,嘱其以田镐信及稿付邮。晚间维志来,还我《拳意》一书。

《人心与人生》一书写作的思想基础

能够明白人，才能够明白事。儒、释、道三家皆是为人而来，所以明白人心与人生才是人的基本点。我写此书，不能太超越人的思维来说话。在此书中不谈论佛家，因为我懂佛家所以才能谈到人，而大众对佛的了解并不多。所以只有超越人的高度才能对人的事说得明白。而此说恰似苏轼的一句诗："不识庐山真面目，只缘身在此山中。"

自己著作之间的关系

从《东西文化及其哲学》到《中国文化要义》，这两本著作是我逐步深刻认识中国文化臻于成熟的一个过程，即由粗浅至成熟的结果。《中国——理性之国》一书是以《中国文化要义》的理论为根基，用来解释新中国成立的由来。

我近日所写的《人心与人生》一书，则是我一生所著五本著作的根基。而我写五本书最重要的思想根源，是我对人生的认识。因为人是万事之始，一切事物皆由此而出。只有了解人生明透此事，方可解释世间的一切作为。此书又非即时能够发表，我于此期待出版之时到来，而又望文于后世知。

明儒陈白沙

明代大儒陈献章（号白沙，岭南人）是我所服膺之人。他苦读朝夕，学至深处，仍未有得。后悟舍繁取简，在静坐中养出端倪，方悟此理与此心相吻合，最终创立"以通为本，以自然为宗，学贵知疑，学贵自得"的门派。他的诗句"千休千处得，一念一生持"令人难以忘怀。

为伍庸伯先生作传

1929 年南游时，在广州随一帮朋友听伍先生讲儒家之学。他的儒学功夫清明自如，令人耳目一新，便希望他能著书立说，而他坚决不肯，我于是当众许下愿说，你不立言，我来为你作传。从 1954 年着笔至 1961 年完成初稿，有六千余字，在"文革"中尽皆丢失。

【梁漱溟日记】

1971 年 12 月 12 日（星期日）

早四时起写改稿，维博、维志先后来，志抄书。愚去北大看元、宁等，十二时回家午饭。写发宽儿一信。天气佳。菜去文淦家。与维志随意谈话。收李健生一信。

作文要点

做文章有两个要点：一是要善于使用词汇，表达意思要准；二是要牢牢抓住文章的中心思想不放。

【梁漱溟日记】

1972 年 3 月 26 日

早起改稿有成绩，前日所抄作废，维志来抄书，为之讲作文章两要点。晚间维博来一面即去。菜去送赵凯行。

孔子的教与学

　　我要讲的题目用孔门而不说儒家是有用意的。"儒"字恐怕是在很久以前就有了，因在孔子之前，就将学者称为"儒者"。儒字所代表的内容很宽泛，从时间上说是久远的。有的学者有这样的话："儒是古代相礼"的人。古时交往的各种场合需要以礼俗来规范的主持人。

　　我在这里只想讲孔子的教与学，不讲其他的儒学，所以我用孔门。孔子的学说不是宗教，而是一位教育家的样子，这是我用孔门而不用儒家的用意。

　　我不拘讲什么道理，一句浅明确实的话，胜过十句百句乃至更多。因为深奥而不易懂的话，不敢说正确或不正确，于人没有帮助也没有什么好处。然当各种学问道理探究到深微处，正确深奥的语句还是很有必要的。我现在讲学的方法就是从浅近明白的地方开始。我讲孔门而不说儒家，就是这样做的。

　　孔子教给学生的是什么呢？他拿什么学问教授学生，学生向他学习什么学问呢？

　　讲到这里，我只能根据留传下来的古籍来探讨。留传下来的关于孔子的书很多，比较公认的乃是孔子弟子收集他的话而著成的《论语》。孔子讲学的方法是从讲自己的经历开始的。"吾十有五而志于学"，他志什么学呢？"三十而立"，他立什么呢？"四十而不惑"，他不惑什么呢？"五十而知天命"，他认为天命是什么呢？"六十而耳顺"，他耳顺又说明什么呢？"七十而随心所欲，不逾矩"，不逾矩的孔子又是什么样子呢？他讲的这些话，可以看出是他晚年对自己一生的总结的话，也是他一生做的学问，我们要从他的人生经历中来认识他。

对于孔子所说的"而立、不惑、天命、耳顺、不逾矩"，历代文人都有不同解释，但我皆不认为是对的。从文字上说，我都懂，但具体指的是什么，我就不知道了。从前的儒者讲解《论语》，我认为他们是顺着自己所理解的意思去讲，但不可能真正知道它的含义。何以不能真正知道其含义，就是因为他们不是孔子。

孔子本人 60 岁时也不可能知道 70 岁的事。至于他 30 岁就更不可能知道六七十岁的事了。因为他还没有活到那个年代。所以讲学要准确明白，就不能随便地讲。

按照这种说法，那么对于孔子的了解是不是就止步于此了呢？不尽然，我虽然不能正面地解释孔子学说的含义，但他说的是什么东西却让我明白了，孔子说的不是自然科学，也不是政治、法律的社会科学。所以，要认识孔子的学问就要排除上述两个方面的因素。在孔子之后，宋、明各朝儒家都来讲，孔子的五个人生阶段是什么样子，我现在是不这样讲的。

从以上述说可以知道，孔子说的是他一生的生活和体会，没有说到旁的地方去。那么他说的是不是哲学呢？恐怕也不是。现在很多学者都认为孔子讲的是哲学，但哲学这个名词在古中国文化中是没有的。如果说孔子做的事情和言论与哲学相符，那么倒也可以说他讲的是哲学。

但我认为，孔子讲的根本不是哲学。哲学在外国古代叫"爱智"，可以说哲学是讲广泛根本的道理。科学是分门别类的，但哲学是它们的理论根本，不是一枝一叶。普泛的根本的道理是哲学，而孔子不是讲这些的，他没有寻找根本普泛的道理，而是说他自己的生活，自己的生命。

自宋朝出现了程朱理学，由周敦颐、张载、邵雍、程颢、程颐创立。朱熹继周及二程之学，形成核心是理学或太极图说。张载的"为天地立心，为生民立命，为往圣继绝学，为万世开太平"讲的是哲学，是可以应用普遍事物的道理。

我们看孔子是如何教学生的。他的学生号称三千而弟子有七十二贤人，但他最称赞和心爱的弟子只有颜回。鲁哀公问孔子"弟子孰为好学"？孔子对曰："有颜回者好学，不迁怒，不贰过。"什么叫"不迁怒"，什么叫"不贰过"？刚好在《易经》上也有孔子说的话："不差不知，知之可不常不行。"这句话使人容易理解是"不贰过"。以前的儒者对此句话都解释过，比较起来容易懂一点，但实际上也有望文生义之嫌。颜回的人生到底是怎么回事呢？孔子说"朝闻道，夕死可矣"。对于这句话，我们也不是一点都不可知，但我们确实可知的是，他讲的绝不是自然科学。

《论语》中有"樊迟请学稼"，子曰"吾不如老农"，"请学为圃"，曰"吾不如老圃"。在孔子的教学里有没有教生产劳动，这个问题以后再讨论。但是他身通六艺——"礼、乐、射、御、书、数"是不争的事实。六艺中的礼、乐就包含社会中的孝及人际关系。

没有疑问，孔子所在的社会是阶级的社会，是奴隶制社会还是封建制社会还没有定论，但可以肯定的是，孔子所在的社会既不是原始社会也不是资本主义社会。当时所讲的君子与小人，实际上说的就是两个阶级。君子指的是统治者，小人指的是被统治的劳动者。孔子又是居于阶级社会的上层阶级，他如何对待阶级这个问题，是值得进一步讨论的问题。但孔子的教与学，就不免带有这种阶级观点的倾向性。

《论语》中"学而时习之"是指具体的实物。"思而不学则殆，学而不思则罔"，从这些地方去看孔子的学问，思是思考，是抽象的，学则不是抽象的概念，而是实际的操作了。学习"礼、乐"要用思想去思考其中的道理。从这些地方看出孔子的教与学，不是单纯和片面的，过分强调哪一方面，会遗漏另一面的东西，也是不公允和不全面的。

注：老师讲的《孔子的教与学》，连续讲了两天便中断，再没有续讲。

【梁漱溟日记】

1972 年 3 月 31 日

写发培宽一信。写稿。去王府井、地安门寻购蜜枣两斤。晚间维志来，为之开讲"孔门的教与学"。

心理学

　　心理学是介于社会科学与自然科学之间的一门知识，是哲学与自然科学之间产生的一种意识。研究心理学既要谈到自然科学，又必须联系到哲学。无自然科学就无心理学之本，无哲学就无心理学拓展之思路，故两者缺一不可。

【梁漱溟日记】

1972 年 4 月 13 日

　　早起写稿又改。访申府取回《参考消息》。到政协学习会漫谈而已。同郭访黎劭西，在郭家午饭。回家后知陈慎吾来过。维志来小谈。

范文澜先生著《中国通史简编》

此书中有一大问题必须注意。中国社会未发展到资本主义社会阶段，那么中国的社会是民族呢？还是部族？

斯大林讲过，一个民族必须具备有四大要素：一、有共同的语言文字；二、有共同的心理意识；三、有共同的经济体；四、有共同的生存与生产疆域。以上四要素统一，才可谓民族。而中国虽然没有发展到资本主义社会，但在秦朝之后，便已成为一个民族。中国社会是一个特殊的情况，看待中国社会与西欧北美的社会，有大同有大异，有小同有小异。以马列主义的观点看待中国社会总的来说是可以的，但从具体的情况说，有具体分析的必要性，有着具体问题的特殊性。

【梁漱溟日记】

1972 年 4 月 14 日

早起阅《中国文化要义》及《初民社会》两书。午后洗澡于清华园。访陈慎吾略谈。维志、雪昭先后来。

再谈心理学

马克思主义的研究方向是唯物的，心理学也是朝着这个方向研究。欧洲七八十年前研究心理学的派别很多，他们不搞唯心，崇尚科学，注重实验，很自然地倾向唯物。但一般的心理学家所表现出的学术思想，是把心理学与哲学混为一谈的。生物学、遗传学的研究亦有很多派别（他们重调查试验，根基建立在科学基础上），对同一现象虽然解释不同，但大致上说，还是可以在同一科学基础上取长补短求得一致。而哲学则不然，哲学是一个人一个主张，所以应当视心理学为科学而绝不是哲学。科学是不能胡乱猜想的。

如美国最时兴的心理学是行为主义派，他们不用内省法，认为研究心理，要看一个人反映出来的种种行为。到后来就出现了许多不可解释的问题。恰在此时，出现了俄国巴甫洛夫的生理学。我认为巴甫洛夫的学说是正确的，比其他生理学派更要正确和高深。

巴甫洛夫称生理学为高级神经活动，是人的大脑接收到刺激所发出的行为。大脑以下是小脑，延脑至马尾神经为低位神经活动，完全是一时的反射。而普通人却把巴甫洛夫看作是心理学家，这是不对的。巴甫洛夫抱着客观的科学态度，从身体上来解释人的生理活动，即研究身体器官和人脑的高级神经的运动，把许多心理学上的现象都用人体生理学和大脑高级神经活动来解释并有所说明。他的研究成果大大地影响了心理学。

　　心理活动千变万化，而心（指高级中枢神经）的活动是有物质基础的，也是有规律可循的。这规律就是人的心理。例如，人容易发怒，巴甫洛夫认为这不单是心理，而是有一定生理活动作为基础的。例如，中医所说的肝气郁滞就容易烦躁发怒，发怒是他的外在表现，而肝气郁滞（《黄帝内经》上说，肝为将军之官。《灵枢》经上说，肝气虚则恐，实则怒）就是他的生理基础。有病的人及老年人容易发怒，是因为他们的高级神经抑制性减弱了，兴奋性加强了。生理活动是有规律的，而心理表现则没有规律可循。心理学的难度也就在此。所以心理学家也想搞出有规律有科学性的东西来，只好搞不同的统计、智力测试之类的东西，来填实心理学本身的先天不足。

【梁漱溟日记】

1972 年 5 月 11 日

　　早起写稿。去政协学习会，听王克俊、朱洁夫分析美苏对越问题，甚有味。晚间维志来，为之谈心理学。

对《史记》一书的评价

太史公司马迁所著《史记》为历代文人所赞誉。然仔细阅读发现，司马迁对史实有好奇之心，喜爱惊奇之事。在他的文章笔调的渲染烘托中可以看出，他的文笔偏于文学而缺乏科学，不免于史书有不真实之处也。

【梁漱溟日记】

1972 年 9 月 3 日

早起略进食，去紫竹院与大中会晤。回家维志在。王星贤夫妇来坐。维志抄《参考消息》备用。晚间大中来，以《人心与人生》（稿）付之。维博代购挂面。

《中国文化要义》

早年我所写的《东西文化及其哲学》一书，有不足的地方，而后来所著《中国文化要义》一书，是对它的补充，两本书应放在一起阅读。而我在此时期重点研究的问题即是社会结构。如在中国重视家族，缺乏集团的组织，其中讲了八个字代表中国特殊性，即"伦理本位，职业分途"。这是我在 20 多年前所不懂的。

社会的结构是社会文化的骨干，中国社会结构的特殊，是中国文化特殊的要点。"伦理本位，职业分途"是针对两个问题而说。西方社会最早的人群是从氏族公社一直到今天，它是一个具有两面性的群体：集体、集团。中国是以一个家族为主（社会学有血缘、地缘之说），血缘先于地缘的。西方社会偏于走向集体、集团那一面。中国社会偏于走向家族组织这一面。

西方国家很看重所占有之土地，而中国却偏于看重人。重视地域的人集团性强，重视家庭生活的人则家族性强。家族的发展是中国社会发展的特色。西方国家的团体与集团对个人与家庭直接统治，插手到家庭的各项事务。这是东西方社会结构的不同。西方集团生活是以个人利益为重，或以集团利益为重，分团体为个人，因个人而有团体。反过来说，团体重要的是为个人服务，西方社会的发展史，恰恰如此。最明显为欧洲中古社会阶段，集团性强，个人必须无条件服从集团，不重视个人利益。封建社会之后却全翻过来，强调个人的权益，要求有自由权、公民权等。

资本主义社会是个人本位的社会，财产归个人所有不容侵犯。社会主义社会重集团（社会本位、个人本位、伦理本位是对上面的问题而说）。乍一看，中国社会是一个家族本位（国之本在家）好似有理，是因没有往深看、往细看。中古社会本来皆重视家族，至资本主义阶段，家族才逐渐解体。中古社会以前为宗法社会，极为重视家族，是尊敬祖先的社会。最早的古希腊、古罗马文化在无基督教时，崇拜皆为敬祖先，以祖先（即神）保佑我，或降罚于我。此时的宗教具有排他性。这种局面是如何打破的？是因为罗马文化接受了基督教，为欧洲社会开创了新局面。"敬上帝，世人如兄弟"，基督教最早也讲共产，慢慢就行不开了。对于集团而言，产生了人人平等的思想。从集团上说，大集团胜过小集团，在生存竞争上说，大集团优越，小集团不利。所以，打破血缘的集团，不从家族、宗族上结合，为欧洲后来超过宗法社会的原因。

中国社会表面上看，好像是宗法社会，并始终没有脱离宗法社会，仔细分析对照，才知是"伦理本位"。宗法家庭是以我为主为中心，如家庭、集团。伦理本位是没有固定的本位，它是以对方为重，以个人为重。社会本位与个人本位是主张个人与社会皆站在自己一面说。伦理本位则从对面说，如父慈则子孝，互以对方为重叫伦理，互以对方为重叫有情有义。中国伦理本位，也是义务本位，把义务加于己，等于把权力让于对方。站在社会上是以个人为本，站在个人上则以社会为本位。二者互相随时调转，符合中国一句古话"礼让"。伦理本位，始终是均衡的无所偏重，没有固定的刻板规矩，可随时代的环境而变化。

在国家受到危难时，国家利益重，个人利益轻。在和平时期，个人利益重则国家利益轻，是互为消长的转变，伦理本位是很高明很好的道理。

"大学"之学，孝悌慈。中国社会之发展靠伦理，这种精神同样为今后社会发展所采用。既不会抛弃社会集团，也不能抬高个人。中国老社会缺乏集团生活，现在是补偿的时候了。

"职业分途"针对欧洲阶级对立的社会，社会领主兼地主，贵族兼此两者，而对方则是奴隶，阶级对立明显，绝对没有互相转变之可能。对此而言，中国社会则不同，职业分途是因贫富贵贱不固定，有互相转变的可能。士、农、工、商很近于耕读传家。

中国老社会文人代表道理，武人代表力量。管子著《公羊传》就讲四农，通功易事，即社会分工，贫富上下升沉不定，流转相通。这对阶级对立森严的欧洲来说是真正的职业分途。以上扼要说明中国社会结构与西方之不同。

"伦理本位，职业分途"是社会发展方向，带有一定的理想性。随着阶级分化的对立斗争，这种理论也处于一种进进退退之中。

【梁漱溟日记】

1973 年 2 月 2 日

早起写稿不多。写答陈仲瑜信。维博来代抄 1 件，代校改《文化要义》，裁纸，购点心、水果等。建华来送各色食品。落雪竟日。预报明日仍将有雪。维志晚来，为讲社会结构为文化骨干之义。（维志午前访候岳美中）（旧年除夕）

孔子之学

孔子之学重在两面。

一、孔子之学不是宗教，它没有清规戒律的教条，给人们的身心以束缚。

二、孔子之学启发人的理性，让人们去做自己认为合情合理的事。

【梁漱溟日记】

1973 年 2 月 8 日

早起进食后去看培修，又访鲜恒小坐。晚间雪昭来，索借 60 元。维志午后来读稿，又工作一小段。

孔孟对待阶级问题

一、古代阶级的产生，是社会经济分工的必然结果。

二、阶级分工之后，统治阶级为保持自己的地位，暴力行动便用到社会政治上来了。

三、孔孟的"劳心者治人，劳力者治于人，治于人者食人，治人者食于人"的表述，是社会经济上的一大进步，是社会发展的一条根本改变。

四、社会分工的法则，是人类社会愈发成熟的结果。是人们在经济上的巧思妙算，怎样计算划算，人们便往哪里走。对社会而言，就是巩固劳心与劳力的社会分工。

五、恩格斯在《反杜林论》中，对杜林对奴隶主对奴隶的暴力发出强烈义愤，提出反驳。

法权是古罗马希腊时所形成的，在资本主义社会，法权的观念是神圣不可侵犯的。法权是指"物权"和"人权"。无产阶级否定人权而强调集体，否定物权而强调公有制。无产阶级对法的概念是轻淡的，把法看作为政治服务的一种工具，政治是变化的，法也随之而变，即使不变，也是有名而无实。

中国从古至今几千年，人们轻法律而重礼俗。在中国没有公法与私法之分，在明、清两朝虽有"明律"与"清律"也只是有名而无实。在中国历代不能独立研究法律问题，其根本原因是法从于政。

【梁漱溟日记】

1973 年 3 月 4 日

早起写稿不成。维志来读《理性之国》一稿；为其讲解孔孟对于阶级问题，晚间又来工作一段。但维博则不见其来。

对老子的认识

一、对于老子的身世，在司马迁所著《史记》中就不可能说清楚了。列举了很多名字，都可以说是老子。

二、老子所著《道德经》五千言，其中有很大部分是当时社会上所流传的格言嘉言，不是他独自所作。

三、老子的学说，不是凭一个人思索推理而得之，实出自中国远古社会普通人的人生思想和学说，这是古东方中国的根本之说。

四、"老子"之意，在司马迁时代，便不可寻查清楚，在今天似更不可能查清楚。依我看，"老子"乃是老前辈的意思。因其学术思想实为古中国社会畅行之学。

古籍《道德经》汇集反映了古东方学说，固非一人所独创，所以理解为老前辈之说，即古社会之说也。

【梁漱溟日记】

1973 年 3 月 31 日

早起改稿有得。午饭后去北大，挈小宁去颐和园散步；春游人太多。回家晚饭。收岳美中信。维志来，为讲老子问题。忽有章某来谈，为之讲三法印。

朝夕琐记：梁漱溟晚年谈话录

值得读的几本书

近代历史学家姚名达著《刘宗周年谱》，清朝著名学者崔东壁著《洙泗考信录》，现代著名历史学家、思想家、教育家钱穆著《国史大纲》及《先秦诸子系年》，值得关注一阅。

【梁漱溟日记】

1973 年 4 月 16 日

早起写稿。八时维志来，更换窗帘，校看《理性之国》稿完。以稿本三册付之。服丸药 5 天共 10 丸。

宋儒朱熹

朱子讲《大学》的格物、致知，意思就是要穷尽万物之理之后，方可以行之以教。朱子一方面向外穷物之理，又一方面存敬以向内，这样是行不通的。朱子认为，"大学"应该分为经与传，讲格物致知是经，而缺少了传。所以他又编写了"大学传遗补"。他的做法是不妥的。

后来，朱子倡导的学派遭到了反对。直至元、明、清王朝，朱子才又为封建王朝所推崇采用，并以其讲解的"四书五经"作为科举的考试内容。

【梁漱溟日记】

1973 年 9 月 18 日（星期二）

早出习拳。八时星贤、艮庸、功纯来谈。仲瑜有信云，美国学者正在研究我的学说将出版，以《中国文化》一册及答仲瑜（信）付功纯，他将于下月回杭也。收邹四兄回信。维志来小坐。

我写如何评价孔子文章的要点

我从十四日起着手起草《今天我们应当如何评价孔子》一文。对于"批孔运动",我不能简单地说几句话就过去了。一是因为我说话爱动感情,讲起话来难免有不及和过激之言辞。二是"批孔运动"是当前政治需要,要照顾这个大局,把我想说的话用文章说清楚。所以,只写而不说。

我在文章中全部用马列主义的观点来写,以大家都承认的事实,一步一步地深入,来证实我对孔子的评价是正确的。

文章的贯穿点是以两种不同的"理"为开端。一种是人们的情感之理,另一种是自然发展之理,从空想社会主义到科学社会主义,文章的要点在此。

【梁漱溟日记】

1974 年 1 月 19 日

早二时半起,写稿并抄稿。渊庭来,为之写致周公信成。恕儿送来食品,看我稿。晚间维志来坐。收孟淏信,知其病高血压颇重。

学术分类

社会文化以学术而言可分为四种：一是自然科学，二是哲学，三是艺术，四是人身修养（生命的自我提高）。东方文化儒、释、道三家学问属于第四种范畴。

【梁漱溟日记】

1974 年 12 月 8 日

早起再阅《人心》稿的《宗教》。维博来嘱研墨、送信及稿与艮庸、培昭。午饭后去看日本农林牧渔机械展览，维博同归。维志抄稿一天。终日阴云，报言夜间有小雪。阎秉华来未值。艮庸有一回信。收焕骞一信。

关于《人心与人生》

我著《人心与人生》一书，贯穿着一条生命线。生命寄形于生物而呈现。一线之中呈现三个点，即真、善、美。谈佛学处讲了真，在谈道德处讲了善，准备在第十九章"略谈文学艺术之属"中，将讲到美。

【梁漱溟日记】

1974 年 12 月 28 日

早起写稿。划分上下两章，开始第十八章。去东四剪发，终日天阴。午后写《礼记》一段文字的解说。菜支借 10 元。晚间维志来付给 10 元；耳针一书交其阅读。

再谈《人心与人生》

　　人活在世间要真正明白人是怎么回事，才能明白人应该怎样去做事。儒家、佛家、道家的道理皆因人而来。我写的《人心与人生》一书中不包含佛家。因为我懂得佛家所以才能谈到人。众人对佛学的了解不够多或全无了解，只有站在超出人的立场上，才能对人这个生命现象说得清楚明白，若不能超出人的这个范围，则只能迷惘其中，是因"不识庐山真面目，只缘身在此山中"。

　　我对于著述《人心与人生》的态度是："情可不言喻，文期后世知。"

【梁漱溟日记】

1975 年 1 月 1 日

　　早起写稿。维博来，即去熊处。维志来，先助理琐事，继抄我稿，午后再来抄写。

《东西文化及其哲学》与
《中国文化要义》两部著作的不同点

在《东西文化及其哲学》中，以俄国地理学家、无政府主义创始人克鲁泡特金所讲的人的"社会本能"，来解释孔孟之学的"性之善"，是根本不对的。人类的不断进步发展恰恰是从"反本能"开始的。

《东西文化及其哲学》一书在内容上，多谈思想文化学术，比较空洞，而《中国文化要义》一书，则从中国社会结构入手，例举事实，更为具体而有说服力。

《东西文化及其哲学》一书出版后，有人带到欧洲去。英国的图书出版公司写信给商务印书馆转告我，他们想翻译这本书，询问版权问题怎么解决。我则通过商务印书馆代为答复，不要版权，尽可翻译出版。但他们没有把翻译出版的书寄给我。

抗日战争中的1942年，地质学家李四光先生通知我，有位美国学者名叫"修士"（译音）到重庆四处找我。有人告诉他我不在重庆而是在广西桂林。后来，我在离桂林60里的良丰李四光的家中见到"修士"并谈话，他讲到了这本书。还有冯友兰先生，在美国留学时，他把我书中的大意写成文章刊登在美国的书刊上。这是他从美国写信告诉我的。

此外，还有一位先生叫张歆海，在国民党时期就任了好几国外交官。民国十二年（1923），他留学归国，受聘为清华大学教

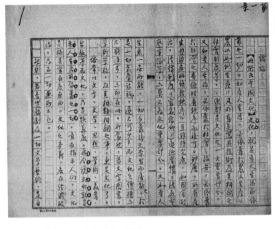

梁漱溟《中国文化要义》手稿

1978 年 12 月，梁漱溟为旧著《东西文化及其哲学》一书所作题记

授。有一次，与我相遇，他说，我没得到你的许可就把你的著作、摘录分别翻译成外文。我还听说日本人也翻译了此书。

【梁漱溟日记】

1975 年 2 月 16 日

早起写稿不多。散步访周振甫不遇，走弯路甚多。午后周来谈，以《中国文化要义》付其带回阅看。晚间维志来坐，知其才下班。钦东来取去一部分水果。收张泽回信，付钦东。

自学的方法与心得

　　自己的学问都是用心得来的。我一无中国传统古学的根底，二无西洋文化的基础，只读书到相当于高中，没有考过大学，当然也没有上过大学。我各方面的学识都很缺乏，之所以能够成为思想家，主要是自己对有疑问的问题抓住不放，从有一点自己的见解，慢慢地读书以求解答。

　　今天遇到有分歧的问题时，便用心审查，是自己的见解对，还是他人的见解对。是否认自己的见解，还是否认他人的见解，或将他人的见解也包括于自己的见解之中。这样一来，自己的知识逐渐丰富起来。在这其中还需要几次翻过来倒过去的阶段，方能树立自己真正见解的基础。任何人对一问题提出异议，皆不出我之所料，早已为我之想所解决。

　　这样一来，便较深厚地建立了自己的思想体系。而对一时不能解决的问题都要"存疑"，以期在不断的学习中加以认识，逐步认真搞懂。每逢我看到一种新的见解和主张，不管自己承认还是否定，都能使自己的知识和思想有所长进。读书要仔细，有疑问出现很好，但必须要自己来求解答，这是做学问的根本。对于他人的见解，不能分清与自己见解的区别不同处，那么就永无长进。

【梁漱溟日记】

1975 年 3 月 30 日

早起在所摘抄费孝通文章后加按语数则。维志来，嘱其校对《理性之国》抄本。取出存项 200 备付钦元手，讫未见其来。维志午后来，与之谈话不少。终日大风扬尘。路旁柳树全被人伐去。维志借去我《亚洲社会生产方式论》稿。

读李贽《焚书》

　　李贽，号卓吾，是明朝泰山派人物。卓吾才品自是卓越不群，超脱于世。然其学问和行为显然不足取。而此书之新印出版，有被时势需要而推出。

【梁漱溟日记】

1975 年 4 月 20 日

　　起床略迟。写稿数行，即抄之。补：收上海杨信，云潘将北来。维志来，与之谈新版《焚书》。购内衣 1 件，更换内衣。

《人心与人生》一书的"书成自记"

《人心与人生》之要点，在辨认人类生命（人类心理）与动物生命（动物心理）异同之间。此一辨认愈来愈深入与繁密，遂有志于一生完成此专著。

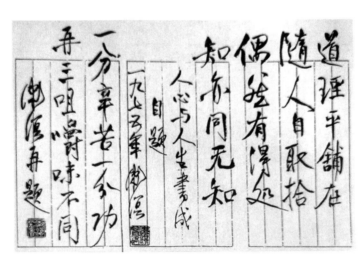

1975 年，梁漱溟《人心与人生》书成自题手迹

【梁漱溟日记】

1975 年 7 月 15 日

早起《书成自记》写完，即抄之。维志因病假来坐，嘱其电告煤气公司，即日送来 1 桶。散步附近。收何绛云一信。

第三讲

中国人的哲学和宗教

道教功夫

我对道教没做过什么功夫，但对此教还是知道的。我们人的每一个动作和思维都是向外用心。例如，我们谈话时是不可能注意到自己的呼吸的，人体内大部分器官活动都是如此，但亦不是绝对的，人的大脑思维仍可以指挥自己的消化和一些生理器官。

道教协会会长陈撄宁

我和陈撄宁会长同在全国政协委员之列，有过几次接触。他著的《静功疗法》中的"静功总论"写得很好，文章浅明、平实，让普通人看了可以懂，又不失其道教精神。陈会长在道教思想理论上是高明的。自己的道教功夫也许因著书立说而有所耽误。

【梁漱溟日记】

1970 年 7 月 12 日（星期日）

夜雨甚大，晨起乍晴。八时出购饼食。陈维博来。雪昭送《参考消息》来。陈维志来抄我稿，并谈道家功夫。院内东北角墙壁倒塌。阴雨，雨势未解。

访章士钊先生谈佛法与普及的问题

我现在不能多说，也不能不说。访章行严先生请教他佛教能不能大众化普及民众。章公听后面有难色，想一想说，恐怕得走禅宗的道路才能普及大众化吧。

事后反思，才觉得我提的问题不对。佛家要成佛，儒家要成人。佛教认为生命对人类来说是一具枷锁，佛教就是使人从这枷锁中解放出来，人类的前程归于没有人类，回到宇宙的本体。佛教认为，万物皆空，离一切相，即一切法，而要做到这一步，必须要人们的物质财富达到极大的丰富，一切人类所能发挥的潜能都得到淋漓尽致的释放，方能感到生命的局限，控制了人们要求永存不死的愿望，只有这样才能真正认识到生命是具枷锁。人类生命的前途都要归于宗教，只有人类达到最高的精神文明、物质文明的阶段，才能解决这个问题。

我提的问题为什么不对呢？因为佛曾指出，佛法在世间分三个时期：

正法时期

像法时期

末法时期

正法时期为五百年，像法时期为一千年，末法时期为一万年。正法时期是佛教兴旺发达的辉煌时期，像法时期是佛教走入平稳持续时期，末法时期是佛教走向衰落不振的时期。经过历史的发展，现在的佛教正处于末法时期，是佛所预料到的。所以，佛教的振兴还需要漫长的岁月。我几十年前就说过，宗教是人类未来文化的早熟品。

在"文化大革命"时期，寺庙被毁坏，僧人被遣散，佛教遭到空前浩劫，我不认为有什么值得大惊小怪的，这是末法时期所必然遇到的。马列主义所说的共产主义是最不需要宗教的。社会再往前发展则是宗教的复兴，那时粗浅的宗教没有了，而真正高深的佛教才出现，才是佛教真正兴起的时代。那时佛教就自然而然地大众化、普及化了。

【梁漱溟日记】

1970 年 10 月 15 日（星期四）

早起进食后访章行老谈往事。托王秘书借英文柏格森《创化论》。午后去政协学会小组会，商量学习方法。收恕儿信尚好。六时回家晚饭。

欲望

欲望是人所共有的。欲望于我之想而非能存，只有出世这一条路。人的一生，起于生而终于死，由小而大，由弱至强，由幼而健，健而衰，衰病至死，是人一生的活动生长过程，便是一步一步向前发展的过程，也是由无知到有知的过程。人的生命活动力（能动性）由于社会的存在，迫使人们去追求。如果说追求生活那就是欲望，如果欲望不能满足生活，而向身体之外"争求"，无非使欲望达到极点了。如果说人们的身体需要结婚生子的话，那么人们就逃不脱欲望。

中国几千年的历史无非是每个人生命的活力（即能动性）汇成每个历史时期的动力，造成时代的命脉和时代的生命。每个历史时期的兴盛，都是由个体生命的大发挥大运用而形成的。历史的进程，不能否定个人的活动力（能动性）。

我认为，个人的活动力的发挥运用，无非是有一个向前向上不甘居于现实的处境意愿。那么，这种心理状态，如何能逃出欲望的樊笼呢？几千年文明精进的动力，因何否定欲望而否定成就呢？

依我看，欲望与理想能否因佛家否定人生而否定呢？

几千年佛家之存而不能兴盛，欲望之绵绵存之以推动社会前进，非是佛家所能办到的。如果以欲望为本而孜孜追求，亦非今后社会之善道。

总结一句话：人生便是在欲望与否定欲望之中生存。肯定欲望或否定欲望或修正欲望都是狂而不实的。以人轮周期之道，否定欲望便是否定人生，否定人生便何以生于人。身存于世，而否定自己，不知欲望生于己，又何以生于己，不求以合，而求以否，不晓其心思高妙何等也，恐世俗之人非能识也。

【梁漱溟日记】

1971 年 5 月 9 日（星期日）

早起洗肛门，用痔药。维博来助理杂务。去朝阳菜市购黄瓜。建华来。写发王益之信，求借《成唯识论述记》。晚饭后去鼓楼购舒筋片。付出房租 8.53 元。

中国人对宗教的态度

中国人对天地的信念近乎宗教，然而却不是真的宗教。有几句俚语可见："心里无鬼不怕天，不欠钱粮不怕官，仰不愧于天，俯不怍于地。"总之，中国人的观念，不把天地当作神，言天必言地，而是把天地作为崇拜的对象。在古时还有"三黄"和"三才"之称，都是趋福避害祀求天地之神给人类造福的观点。

这与东西欧中古时期的宗教大相径庭。中国人把信仰天地诸神看得自在、自然，有理性。而欧洲的宗教把人看作是罪人，要去救赎。中国人自古就富有理性，而东西欧洲人却缺乏之。

【梁漱溟日记】

1971 年 8 月 30 日（星期一）

早起写稿，维志来抄书。八时去政协学习会发言"怎样把毛泽东思想真正学到手。"十一时回家午饭。维志午后再来抄书。为其讲世界形势变化，晚饭后去。

朝夕琐记：梁漱溟晚年谈话录

道家、儒家的复兴

在东方学术上，首先兴起于道家，再兴起于儒家，最后才是佛家的兴起。

道教的兴起是由于人们对医药卫生与生命的一种追求。任何学问都是先由问题兴起。中国的医学与武术完全是出于道家。在印度也有与中国道教相近的学派。

道教可能将在百年之后兴起，而中国儒家的兴起可能将在千年。

【梁漱溟日记】

1971 年 9 月 5 日（星期日）

早起写稿，有疑，待思索。维志来抄书。去三里屯取回洗件，又付出洗件，购大饼。午饭后未入梦。维博来代购菜。晚饭后为维志谈 1950—1952 年事。夏润生送书来，赠以 10 元。阅庄则栋发言稿尚好。

佛教三法印

一、诸行无常，把一切事物都看成是无常的，因为没有永恒的东西。

二、诸法无我，一切事物都没有我，我是于事物添加上去的东西。"有我"的这种想法在佛家认为是"妄念"。

三、涅槃寂静，人能超出轮回超出生死，不生不灭叫寂静。世间法的一切是生灭法。佛法就是要达于不生不灭的地步。

谈："鬼"在佛家说法

人在死去后与再生前，有一段时间称为"中有"，亦即为鬼。佛家中的"中阴身"亦为鬼。

谈：佛家"五蕴"的解释

色蕴——指客观存在的人的身体。

受蕴——指人体对外界环境刺激的感受。

想蕴——指人头脑对于事物的记忆。

行蕴——指人体的新陈代谢不断变化。

识蕴——指人的根本，粗略地说是指心的意思。

【梁漱溟日记】

1972 年 2 月 17 日

早起阅旧札记。华世荣来谈袁昌情况。维志来抄书。阅内经讲义。收蓬山信。午后宽儿来、富眉生来、鲜恒来、姜心白来。维志来，为其谈儒家道家不同，及佛教三法印。

　　　朝夕琐记：梁漱溟晚年谈话录

人与动物的知与行

　　人类从动物本能中解放出来，随着各类不同的种族遗传，有为解决两大问题而特有的一种专用的本能和方法手段。在动物的活动则是一种知即行，知与行合二为一，而人类则不同，一方面是认识事物的知，但在行与不行上，与知有着很大的距离。

　　知与行之间的距离谓之静。静中就有一种自觉之心在内。人心独能有无所求之心，而是超脱两大问题之外。人性独有反本能，而无所求之的廓然大公之心，此即能通不能隔，性相近也。

　　人类本能有对外的一面，又有自觉认识之一面。如品尝一种味道，尝到了那个味道与自己心里知道尝到了那个味道，是明显的两种意思。前者是味道的体现，后者是对前者的一种鉴别。

【梁漱溟日记】

1972 年 5 月 20 日

　　早起写稿。去中山公园习拳散步，回家午饭。去北大看小孙，看到宽儿来信。回家晚饭维志来坐，为之讲人性与理性。

佛教中的禅宗

禅宗是外教，不立言于文字笔记之中，有"棒喝"等，能经此法幡然而悟者，是进入禅宗之门槛，否则修禅宗无益。

人类的生命，不知经过多少万年的进化，才有了今日人体上的眼、耳、鼻、舌、身、意。这些器官都是向外（自然界）探求而发展的东西。外的光的刺激形成了眼睛，声波的刺激形成了耳朵等。这些都是因为人的需要，而被自己所收获。你具有了这些功能，如何利用好它，全凭自己把握。生命这个东西，使人向外去追求，有探求的一面，就有反馈的一面。一问一答就是佛家的所谓生死法。

佛家所要求达到的是不生不灭。不生不灭就是自家生命不出现问题，从生命中解脱出来，达到天人浑一，就是佛。达到此地步极不容易，有的需修几世才成，而禅宗却要即世修即世成。修禅宗需要人们忘掉一切，甚至忘掉自己的生活，对外界全然不知，如傻如痴，在这种修持等待之时，有如突遇外界电光石火，如入幻境，瞬间忘掉一切，天地合成一体，这才叫"破关"修禅有成。

【梁漱溟日记】

1972 年 6 月 25 日

说有小雨终无雨。终日未出门。维博来助理杂务。送洗件于三里屯。维志来结束电费账，偶为谈及佛法真义。雪昭还来我稿。嘱其购电表，先付 30 元。

佛家与儒家

　　佛家与儒家正是相对的两面。对人生来讲，佛讲无生而儒家讲生生。佛家所要达到的目的是超度人，就不再是"人"了。而儒家所要达到的就是要做一个现世的人，即是不高于神的人，亦不比人低的动物。人所高于动物之点，就是人从动物的本能中解放出来。本能最根本的特征就是条件反射。反射的本能都是自发的。动物都是在条件反射的本能中生活，而不是自觉的生活。然而人类却在反本能的道路上发展成自觉，由此自觉便成为人的最根本的东西了。

　　什么是自觉？我说话并不是说话而已，因为我知道自己在说什么话。我心中有一个念头，别人是不知道的，而我知道。我讨厌这个人，我知道我讨厌他，这便是自觉。钟表响，我听到了响，我知道我听到了，这在唯识家讲叫作"见分""相分"，还有一个"自澄分"说的就是这个。有自觉才有记忆，但人的自觉很不容易，有时暧昧不明昏昏然，这就是自觉不明不强。

　　例如，下雨时，打伞外出见朋友，雨过天晴，便将拿来的伞遗忘。等回到家中才醒悟雨伞遗落，方又回忆起来。这就是自觉不够明、强。但并没有完全丧失自觉。

　　儒家所要达到的就是自觉的明强，培养自觉不要糊涂，心思专一不要东跑西跑。王阳明先生讲的"良知"就是我所说的自觉。人类有自觉之根，儒家不过要加强巩固而已。

【梁漱溟日记】

1972 年 6 月 28 日

早起写稿，出购油饼。气温 38 度。维志来为之再谈佛家、儒家。雪昭代购电度表，将付电业局检查再安装。

道教与道家

道教起源于什么时期，现在的一些人推论到上古时代，这是不对的。古代的道家著作如《黄帝内经》上说："有真人者，提挈天地，把握阴阳，呼吸精气，独立守神，肌肉若一，故能寿敝天地，无有终时，此其道生。""有至人者，淳德全道，和于阴阳，调于四时，去世离俗，积精全神，游行天地之间，视听八远之外，此盖益其寿命而强者也，亦归于真人。""有圣人者，处天地之和，从八风之理，适嗜欲于世俗之间，无恚嗔之心。行不欲离于世，被服章，举不欲观于俗，外不劳形于事，内无思想之患，以恬愉为务，以自得为功，形体不敝，精神不散，亦可以百数。"以上三者皆为道家而非为道教也。

中国之国教当为"道教"，而非佛教之外来传入之教。其起源当源于东汉时期的张鲁、张角二人的创立。古代道家与道教虽可分，但又是相关联的，二者虽不是一回事，但断然划分开也是不行的。

【梁漱溟日记】

1972 年 7 月 10 日

早起收拾去公园，经西四到政协学习会，听众人说朝鲜问题。维博来代购《西方伦理》一书。

佛家的"三有"

佛家讲人有"三有"，即贪、嗔、痴（佛学字典里称"三毒"）三种烦恼。痴里面包含贪、嗔。但佛讲有执我爱、我见（妄执无我）、我慢（以为自己了不起）。真正高明的人，心里一定清明，贪、嗔、痴就少就淡，若完全去除"三有"是不可能的，但要心里清明不糊涂。

依我的看法，人人都是愚的，不愚的人很少，但人人皆以为自己高明，自以为聪明。凡是人想欺骗他人时，就是把对方看低了，看成不如他，这种人才是最愚蠢的人。

【梁漱溟日记】

1972 年 8 月 20 日

早起续译罗素书摘句完。维博来代购什物。午后维志来，为之讲主席致江青信，因及往事。钦元来，看到恕、东来信，知宽儿工作忙（会议停开不确）。

中国哲学问题

一、不能把中国哲学纳入西方的哲学范畴。西方的哲学是把哲学当作一个课题与外物来研究讨论。中国的哲学不管是儒家或道家都是实践人生的学问。中国所谓的哲学都是从人生实践之学中产生的附属物。中国没有西方那样的哲学体系。

二、中国哲学的研究不能用西方的那种方法研究。因为中国哲学是人生实践之余而产生出来的道理和逻辑。要想懂得中国的哲学，懂得孔孟所说的话，只有自己真正进入人生的修养，反省自家生命的深处，才能洞晓其中的道理。

三、用马列主义的观点来解释中国的哲学是可以的。因为只有这样，才能看出中国哲学的特殊性，才能找出与西方哲学根本的不同。要用马列主义观点分析中国哲学，而不是把中国几千年形成的特殊文化，归结到西方的哲学体系中去。

【梁漱溟日记】

1972 年 9 月 23 日

早起抄清所写稿 3 页。仍同杨、徐一车赴会，简短发言做小结。将过国庆后再开会。

佛法感觉问题

佛家讲"离一切相，即一切法"。在此的"法"字，即代表一切事物，而一切"相"即是一切事物的表象。离开一切事物的表象，即是宇宙本体的一切法。

一般讲，佛有三身：法身、报身、化身。佛与佛是不相见的。达到法身即回到宇宙本体。他就是一切东西，又不是一切东西。康德在他的书中说，我们的感觉器官，是人类生命发展到这一阶段的结果。我们所看到摸到的不是物自体，又称物如物自体不可知。人之所知，只是人们向外探索求回来的情报。

唯识家讲"前五识"，眼睛所视之色，耳朵所听之音，皆为识所生。人所见之白色不是客观的，是经五识所鉴别反馈的情报。唯识家讲，白是识所变。再如辣椒本身无所谓辣与不辣，而所感觉之辣，只是我们的味觉嗅觉的感觉。

佛家讲，取、能取和所取是一回事。所说的无如，就是始。

唯识家讲：问的一面叫"见分"，回来的情报叫"相分"，能见的叫"见分"，所见的叫"相分"。

【梁漱溟日记】

1973 年 4 月 3 日

早起抄新成稿。晚间维志送来代借光学、声学二书。为讲感觉问题。

佛学出世间法

从根本上说，宗教有很多相同的地方，其归宿是佛家所说的"出生死"（佛教谓人有三世），就是"出轮回"。宇宙间的一切事物都是"生灭法"，世间法便是生灭法。出世间就是"不生不灭"，佛所要达到的境地就是"不生不灭"（收生灭法）。佛认为一切事物才生即灭，生待众缘而生，灭则不待缘。这种认识是佛家从静坐中得出的体识（印度佛家称静坐功夫为"瑜伽"），而不是猜想。

这是把人体之生理、心理融会贯通，心身合一，才能有所得。佛讲"生灭灭已，寂灭为乐"（生灭为苦，生命主要是求苦，因为它向外要求，所欲不达则为苦，若没有要求，则无所谓苦）。生命的这种要求是逐步地发展起来的，这种要求也是生命之所由来之因。我有一个要求，并非是因我一想才有的，而是先于我想而存在，早已存有的要求，是人生苦乐的根本。

我们每个人的生理组织构造，一面是应付外界的环境，一面是调节体内生命的运行。人体的每个生理构造，是机体内长期所演变形成的一种分工，如人体的感觉器官，是为应付外界光、声等刺激而来。所以说，机体内的每一个器官都是对外界自然环境的一种探问，依此而得到接收回报。唯识家认为感觉有两面，有能见、所见，这都是生命内的事。而自身的所见、能见所反馈给自身的感觉并非是外界事物的本质反应。如说，甘蔗的甜，并非它甜，而是我们对它的一种感觉，是我们区别其他植物的一种感觉。再如墙是白色的，普通人认为是外面的事实，其实是自己的视觉对外界事物的一种感觉，因为墙本身无所谓白与不白，但因有外面的一面，便使你产生白的感觉。

佛家对人的躯体只认为是把生命寄托在此物质之中。我们不能孤立地看身体，身体与自然界是时刻分不开的。身体在唯识家称"正报"，自然界称"依报"，合此二报才能成就我。这是符合辩证法的。佛家认为根本就没有我，我只是因缘之合，可以承认生命是我添上去的。

我、你、他之分是有很浓厚的思想感情在内的。如我爱、我欲等。"我"是有两面的，一我一物不来则已，一来必如此。我向外取之时就有物、我两面，亦即向外一问，外向内一答。从最低级的单细胞生命阿米巴一开始就是如此，从小从微从弱就向外取足，这就是生命发展的力量。马克思曾讲过，人的身体是机体，人身以外的自然界是人的非有机的躯体。

佛家就是要把无穷无尽的生灭力量给息止了，达到不生不灭，内外合一。把人类这种不由自主地自生自灭，从无自我主宰的生命中解放出来。这种解放就是"无我"，不向外取足。佛家解脱生命有"破执""破二执""断二取"（能取、所取）。

综上所说，人是不自由不自主的，只有从此解放出来，才能做到人的自我指挥而达到自主自如。

【梁漱溟日记】

1973 年 5 月 2 日

早起写稿。收陈碧华信，答之。写致申府信，约 5 日往访。午后维志访岳归来，偶为说出世间法。潘来坐，告以将出京。闻饶余安调沪尚远在。交付维博送何绛云一信。

佛学中"因缘""所缘缘"等名词

因缘：因是事物的起始，缘是其外在条件。宇宙间一切法都受因果法规的支配。

所缘缘：我们能看见的一切东西，需要一定的条件，如光、空气等。前缘是动词，后缘则是条件。所缘缘又分为亲所缘缘、疏所缘缘，如白色是自己的眼识所产生出来的，如辣不在辣椒的本身，而在我们舌觉上。

等无间缘：是我们各种识觉对外界事物的一个视与触，是我们看一切东西之看的接续（我们视一物，如看电影，一个镜头在银幕上仿佛不动，但在电影放映机上已滚动很多圈了），这种连续性叫等无间缘。

增上缘：是指帮助人们的识觉的无数外在条件。人们的目识可以看见外界的东西，但在黑夜便看不远也看不清，但在白天光线好，就能帮助目识的能力，这就叫增上缘。

正报：是指物质本身的反映，如人的高矮、胖瘦等。

依报：是指生活在物质世界中，所遭遇的贫、富、贵、贱等社会环境。

依熟：眼睛能看到的果。依熟又分：一时而熟，一时一时地报；一因而熟，谓善恶因不同，经一时间而熟。

【梁漱溟日记】
1973 年 8 月 17 日（星期五）

早起习拳，阅新借书。收上海潘信嘱转统战部各件，即写信代其转去。收孟泽信甚知悔改。收贵州培新信。午后卢广绵来谈中央为知识青年下乡问题开会事甚好。维志因看病来坐，为讲增上缘及因果大意。

《东西文化及其哲学》及对儒、释、道的认识

　　《东西文化及其哲学》出版一年后，我就觉得书中有些观点说法错误很多，便写信给商务印书馆要求停止再印刷，准备作修改，但一直拖到1929年也没工夫修改。此时读者纷纷要求出版，我就书中的一些错误，作了一篇序言，便又继续出版了。

　　我的思想以"究元决疑论"站在佛家立场，排斥儒、道两家，在《东西文化及其哲学》中有了改变，赞成佛、儒两家而不赞成道家。直至20世纪40年代末我著《中国文化要义》一书，才有了全面的改变，也赞成道家。这是我逐步认识了佛、儒、道家的过程，并将他们三家思想放在人类发展的适当历史阶段中。

【梁漱溟日记】

1973年9月2日（星期日）

　　早起习拳。维博来订书，代洗内衣。维志来编年谱。元、东两孙来，与之谈话。午饭后付黑芝麻、红枣等令其回去，闻小宁有肝炎症状。对维博讲伍学。雪昭送来面包。政协通知明日开会。艮庸送甜酒来。

唯物与辩证唯物主义

唯物正是为了要达到或完成人们主观的要求或希望。在对外解决问题的时候，不唯物、不符合客观规律，就不能完成人们主观的需求或希望。

解决任何问题（主观、客观）的矛盾，必须了解客观，注重客观，辩证唯物主义就是把客观物质看成是发展变化的。

任何美的东西，人们都是要去追求的，这是人们一种向前的要求。思想意识在美上的反应谓之美德。这种美，又见于物之美。人美、物美都是人们向前向外追求的结果，而美德则是人们自身向内、向深处要求，又是心的体现的结果。

【梁漱溟日记】

1973 年 12 月 1 日（星期六）

早起写河上自传读书录完。午后去北大看儿孙，送去糖食 3 斤，略谈彼等病情。闻晓青曾来过。赶回家晚饭，维志来坐。阅《生命的起源》小册。收薄朋三信。

朝夕琐记：梁漱溟晚年谈话录

佛学中的禅宗

有思维用心之人，以揣测推度佛学无疑是枉费心机。如若去推测禅宗就会走上邪路，与其宗旨如隔万里山。如我所知，省元和尚入禅宗，眠食俱废，如聋如痴，仿佛天地破碎，虚空粉碎，大地平沉，凝成一片，如桶脱底，如电光石火，此为禅宗境界之开端。禅宗的著作，用心思去瞭望，是根本行不通的。禅宗不是普通人所能修炼的。年纪大的不行，因为精力体力皆不充足。唯有二三十岁的年轻人，精力体力充沛，若苦心修禅或有一线希望。老年人头脑和身体都不行了，且有社会阅历，头脑油滑不能痴情专一，只能另选别途。

【梁漱溟日记】

1974 年 3 月 11 日

夜来有悟，早四时起写"空、假、中"座右铭；改写声明一文。同杨等一车赴会，首先作声明，后听王芸（生）等发言。明日停会一次。回家午饭。赵代购可可粉、蜜枣等。去洗澡、剪发。晚间维志送黄芪分包来。

人死后精神是什么样呢?

佛称"相似相续,非断非恒,彼死此生"。

【梁漱溟日记】

1974 年 3 月 16 日

早五时起写读书录。星贤来,为之历述近况。午后再写读书录。发走孙洪吉一信。服药一煎。晚间维志、崔建华来坐。

佛学中之"五蕴"的内涵

色蕴——肉体。

受蕴——感受触觉。

想蕴——记忆。

行蕴——生命之流行相断相续。

识蕴——耳、眼、鼻、舌、身、意。再加上缘虑。

小乘佛教"破我执"落在五蕴上。大乘佛教破五蕴落在"空"上。一切法毕竟空。佛家之要就在破二执，一为分别我执，二为俱生我执。分别我执可以间断，俱生我执则不能须臾断也。人合众缘而生，人待众缘尽而灭。

【梁漱溟日记】

1974 年 7 月 14 日

早起阅新译《天演论》，甚好。维博、维志均午后来，付以补助。维博代取洗件，购切面。嘱维志修理抽屉。落雨降温。

道家

我对道家没做过什么功夫，但对其中的道理还是知道的。我们的每一个动作，一刻不停地思维都是向外用心的。例如，在与人谈话时，谁也不会注意自己的呼吸运动。对于消化、循环、呼吸等内脏器官的生理活动，不是人的主观意志能主动支配的。道家的功夫是什么呢？就是要把人们向外用的心思，用在自己的身体上，用在自己身体的各个器官上，把高度敏锐的心灵收回到自己身体内来，要对身体内的生理运行的各个器官，从不了解到自觉地了解与感知，从不能控制内脏器官的运行，到能主动控制内脏器官的运行，并达到了六根互为使用的境地。六根互为使用就使人类返回到上古时代，返回到动物与植物混类不分的时代。

道家这种以自然为宗，在自家身体上做功夫，是要通过人体本能的完全充分的展现，使人体的潜在功能得到完全的发挥，以达到遨游天地之间，无有竟时的目的。

【梁漱溟日记】

1975 年 10 月 10 日

早起写稿。车来同杨等一道赴会，杂谈；下周将进行 33 条。回家午饭，艮庸送还我稿。维志晚间来，嘱其去恕儿家一行。

唯物主义辩证法

唯物主义辩证的方法是真理。一切事物都必须一分为二，可以无限地分离分析，只有这样事物才能发展。一分为二不应当只看作是一种分析事物的方法，它是一种科学的基础。只有一分为二，才能合二为一，合一切之因为一因。胰岛素的合成，便是走此一路数。

【梁漱溟日记】

1976 年 3 月 16 日

早起写伍陈一稿。收维博信、钦元信。何绛云来未值。购蜜枣、茶叶，转至西餐厅。回家张炳汉来谈，以《中国文化要义》一册赠之。

宗教与科学

中国社会从古至今历史悠久、地大物博、人口众多，社会结构特殊。虽然经过无数次战争，但分而必合，有分有合，终不失于一统。中国不是封建社会的结构与内容，而日本却是典型的东方封建社会。

古代所谓的"士"，在春秋战国时期是"武士"的意思，而到秦朝统一六国之后，"士"就成为儒者之称谓了。

在中国人思想中没有统一的宗教大神，而是以天、地、君、亲、师为心中所崇拜之圣。

中国文明很早，但为什么没有产生西方的科学，这是中国人心朝内不朝外。西方人的心思向外探求，手向外索取。

总的说来，宗教与科学为同根并生之二物。人的情志一面发展成为信仰与宗教，人的理智冷静的一面发展为科学。人的身体恰有此两面性，而其两者实为一也。

【梁漱溟日记】

1976 年 5 月 10 日

早起收拾进食。出剪发，经朝阳菜市回家午饭。以裤付洗。晚间维志来，为之谈讲许久。

　　　　　　　　　　　　　朝夕琐记：梁漱溟晚年谈话录

佛学中"比量""现量"之区别

　　唯识学是佛学大乘教里的相宗，其内容繁细，不易读懂。"比量"是按照逻辑推理所知的东西。例如，早晨见地面湿润，便可推知为晚间下雨所致。"现量"则不易懂，凡一切由亲身体验而知的东西为现量，但佛家所谓之"现量"，是自身没有过任何经历和经验，是对亲知不加分析的感觉。人们可能也有出现现量的境界，或说有又没有。有这种感觉则为有，但刚一有，便加以分析比较，则又没有了。这是可体验而不可分析的一种感觉。

【梁漱溟日记】

1976 年 7 月 13 日

　　早起答燕大明信发去。写稿尚可。午饭后去寻七十年前旧居及其附近一带地方，步行甚久。星贤来，不值，发给一信。维志来，付以 10 元。潘怀素忽然来坐（从上海来）。

佛教

佛法有五大派别，分别是禅宗、净土宗、天宗、密宗、藏宗。他们各派都有各自的修养功夫。

中国文化与印度文化相比较，印度佛教是反古印度宗教婆罗门而兴起的。释迦牟尼出生于尼泊尔，其年代与孔子出生相差不多，约距今二千五六百年。中国传统文化之特色，是在悠久的历史演进中所形成。

【梁漱溟日记】

1976 年 12 月 2 日

早起写中国无宗教而有道德一稿。去西四订出租汽车。看维志。晚间维志来略谈。取银行 50 元。阅《陈白沙集》。

第四讲

忆往谈旧

山西阎锡山

1921 年我所写的《东西文化及其哲学》一书出版，王鸿一先生到处为我宣扬。阎锡山于是授聘书请我去太原讲学。上年底成行至是年一月，有北大同学陈政随同前往做笔录。

1922 年元旦，山西太原"自省堂"大礼堂落成，阎锡山大宴文武群僚，我亦以宾客身份参加。自省堂内悬一匾额，横书"悔过自新"四个大字，使人触目惊心。阎以省主席身份首先讲话，座席中人亦多发言，皆为溢美之词。末后请我发言，我批评发言者多顺从阎公讲话敷衍陈词，缺乏自然活泼之空气。言毕，众人皆默言。事后反省之，当时年轻气盛，言行浮浅，自觉失宜。后闻之，阎公啧啧有烦言。

1929 年，我自晋北游考察，阎公在其五台河边村邀我往晤，倾谈时局。阎公以省高等顾问聘我。

【梁漱溟日记】

1970 年 1 月 1 日（星期四）

进食于外。去西郊访谦之，还其书 3 册。看三小孙于蔚秀园。回家午饭，闻袁昌来过。发渊庭一信。午后陈维志来，为之讲明不可简单地看一个人（阎锡山）之事例。

清末民初武术家杜心武

民国初期，杜心武先生参加一次友人的宴会。众人皆知杜先生精通武术，恳求他当场表演一下绝技。先生起初推辞，无奈众人要求强烈。杜先生从用餐的圆桌旁站起，圆桌是四方桌上放一大圆桌面，只见他用手指按了一下桌边，身体便徐徐腾空而起，头至屋顶，又徐徐下降于原位，众人惊讶不已。

杜先生年轻时就武艺高超，后在云贵又拜师学艺。他曾两次用棒棍在师傅身后袭击他，木棒落下，师傅怀抱东西立于他面前，杜大惊失色，便问师傅你没看到我，怀中又抱有东西如何躲得。师傅说，何必眼睛才是眼睛。

在动植物尚未分开而混沌时，便慢慢地向动植两个方面发展，一个方面就是向节肢动物发展，它的六根——眼、耳、鼻、舌、身、意混为一体。随着不断地进化，视觉进化成眼睛，嗅觉进化为鼻子，味觉进化为舌头，依此类推，能修炼成身体的原始状态，正如佛家所说"六根互用"。

【梁漱溟日记】

1970 年 6 月 28 日（星期日）

早出散步习拳。购油食。午饭后从银行取 50 元。陈维志来，与谈拳术故事，嘱其购西瓜，食之甚佳。雪昭来。以《参考消息》还之。

熊十力与陈铭枢

我在 1915 年在上海商务印书馆《东方杂志》发表了《究元决疑论》，文中点名道姓地批驳了熊十力反对佛家思想，宣扬"一切皆空"的观点，会使社会"流荡失守"。

1919 年熊十力写明信片，通过北京大学校方转给我，上面写得很简单，说，你的文章我看到了，你骂我骂得很好，暑期我到北京找你。（大意）从这一点可以看出熊做事非常直截了当痛快，他的性格也是大说大笑的人。

熊十力到京后，曾在我家小住，彼此交谈非常好，他对佛家思想的看法有了很大的改变。他不但不排斥佛家，并着手研究起佛学来。后经我介绍，他到南京"金陵刻经处"去学习佛学知识。欧阳竟无先生以此地为基地，创办了"内学院"，作为学习和研究佛学的场所。此院既非招生，便也无所谓毕业了。

凡在"内学院"求学的人，提供书本食宿，以便安心研习佛学。就这样，熊十力在此求学三年，以后在北京大学讲授佛学，那是后话。他一生著书很多，学生亦不少。

陈铭枢是我的老朋友了，广东合浦县人，家贫，投报陆军小学后又经高等军事学校教育，在李济深部下任职。历经战争，后被上级培养，让陈赴日本法政学校学习。

陈铭枢在日本学习时，遇到了一位和欧阳竟无先生一起讲佛学的桂先生，此人是位苦行头陀，在日本弘扬佛法，凡人有问必

1927年，梁漱溟（左四）赴广州时途经杭州，与马一浮（左二）、熊十力（左三）等合影于灵隐寺。此为新儒家三圣的唯一合影。

答。陈便从他学习佛法。桂嘱咐陈，回国后要以欧阳竟无先生为师学佛。陈铭枢回国后忙于军政无暇抽身。待他下野得闲时，便往南京"内学院"从欧阳竟无先生学佛。恰此时熊先生亦在此研读，于是相交甚好。我与熊先生常有书信往来，陈也得以一阅，甚是景仰于我。

1923年陈铭枢北游来京访我，相谈甚欢，成为终生之好友。

【梁漱溟日记】

1970年9月30日（星期三）

早维博来，代我换车月票。午后去政协领工资，归途购白兰瓜。陈维志等候于家，为之说熊、陈与我相交经过。雪昭、颂天来，告以答阎秉华信发去。又嘱其（与）王星贤2日同游西山。存银行100元。

清末维新改良派人物康有为

我最看不起的是康有为，他为人很僻，但也不能否认他的本领。他的人品很差，略讲一下他的丑闻。

一、古城西安城南有一座大庙。康曾到此，闻知此庙中藏有一部极其珍贵的木版《大藏经》，便叫随行人员用马车强行拉走。但行之不远，便被庙里住持之人追回，可见康之贪心。

二、我的朋友俞回壁（浙江实业银行主管）讲，有人拿一幅唐朝字画向银行作抵押借两千大洋。俞见后甚是喜欢，便将字画挂在家中客厅中时时观赏。有一次，康来家中目睹此画后，甚是喜欢，便言借去细观。俞以康的声誉地位任其拿回家欣赏。时间很久，不见归还。俞三番五次派人去索还，康却置之不理，毫无还字画之意。俞实无奈多带人员去讨要，康见状无奈将字画交出。

三、康有为的私生活不检点，越到晚年越不像话。他晚年写文章，却把写文章的时间提前，以此沽名钓誉，近于卑鄙无耻。我与康有为不相识，只是远远地望见过他。

【梁漱溟日记】

1971年1月27日（星期三）

旧元旦，即所谓春节，有假期三日。陈氏兄弟相继来，维博装订，维志抄写。愚写稿改稿。去王府井一转，经朝阳菜市购西红柿回家。雪昭夫妇及其长女来坐，送到食品。又崔建华亦送来食品。

近代著名爱国实业家、
民生公司创始人卢作孚

卢作孚是四川北碚人。北碚历来为三不管地带，土匪猖狂，人数众多。卢先生组织民众消灭土匪，成效巨大。他经营"民生轮船"从资本甚微，在后来资本巨大，全凭他用心经营、才干出众。他对我在北碚办学帮助很大。他最善于记录别人的讲话，通篇完整，非一般人所能做到。不幸在1952年"三反"运动时，因公司出现一些问题，员工意见多，压力过大服安眠药自杀。毛泽东等人甚为惋惜。

1938 年初任山东省政府主席的沈鸿烈

韩复榘被蒋介石处理后，沈接任山东省省长。其人官僚作风严重，奢侈腐化，置国家于危难之中而全然不顾，只满足于个人的享受。

我在抗战初期去敌后视察时，得知此人情况，曾拍电报给蒋介石，说沈鸿烈不可用。事后沈得知，对我非常嫉恨，由他下令，将我在山东邹平创办的"乡村建设研究院"封闭取缔。

【梁漱溟日记】

1971 年 5 月 2 日（星期日）

早起散步于附近。抄第十一章小注三段。维志、维博先后来，午饭后乃各去。午后有雨至夜。准备明日发言。

清朝末年著名学者、革命思想家章太炎先生

第三位我喜欢的人物叫章炳麟（自号太炎）。我从少年时代起就佩服名声很大的他，但是一直没有机会与章先生见面。直到我 32 岁，方有机缘在一位朋友的介绍下拜见了章老先生，章老先生人品端正，学识渊博，是当世人所称颂的与康有为并称的两大知识分子。就两人的学问而说，章老属于古文学派，康则为新文学派。

我在北大任教时，文学院的教授学者十之八九皆出于章老先生门下。章老早年组织"光复会"，后来又参加孙中山的"同盟会"，是其会的元老之一。

我拜识章老之后，也感到章老特殊之处。他与人讲话，目不视对方，仿佛是双眼向斜上方的屋顶上望。他讲话地方口音很重，讲得很快，不顾及对方是否听得清或听得懂。他高兴时便滔滔不绝地讲，兴尽时，便沉默不语，不顾及对方的处境。由此可见，他的为人行事只顾及自己，兴来即发，不发便沉默不语。这样的人，是不能在社会上做事情的。

章老的长处是读书做文章，短处是不会用人和教导人。终不能成为一位社会运动的活动家和政治家。

另外，章老对一些生活上的事颇为刻板。如同北京人说的一句话叫"呆头呆脑"。当时传有一笑话可窥豹一斑。章老一生所穿的袜子为自家用白布缝织成的所谓土袜子。后来，传入国内的

西洋针织袜子销售后，有人劝他穿洋袜子，买来后便以袜子的脚跟反穿在脚面上，自己却毫无察觉。

我佩服章老是受先父和彭翼仲先生的影响。我一生心中唯有两个问题：一个是中国问题，一个是人生问题。这两个问题截然不同，后一个问题是偏向于追求哲学、追求真理的一面，在这方面我倾心佩服的就是章老先生。

章老的主要学问，古时叫"朴学"，着重在语言文字方面的研究，考究古今对某个字的发音、音韵的变迁与古今文字的不同，研究文字的内容叫"训诂"学，包括对古代各朝文物制度的考定，都是很深入很细微的学问，没有这种学问的根底，便不能读懂古籍。但他又不仅于此，同时又能够深入哲学、佛学和现代的思想理论，使我很钦佩。

章、康两位先生比较起来，章先生的思想深刻，康有为的思想较为浅薄。同为思想界的两大权威，倾向康有为的人数较多。康的思想虽然浅薄，但说的话很灵活，易于被人们理解接受。

使我颇受影响和一直在怀而不能忘的是章先生的一篇名为"俱分进化论"的文章。此文大意是说：人类从猿人发展到现在的汽车火车是进化，人类从赤身裸体到今日衣饰穿戴是进化，往往皆是现在胜于从前。若单从"进化"这一点看问题是有片面性的。因为社会的进化是苦与乐都在进化，同时，善与恶也在同步进化。

我当年倾慕章先生主要是在思想理论上，而对于他讲的"朴学"，我因为没有读过四书、五经等古书，不能有许多了解。但他留有一部书叫《菿汉微言》，是他口述、弟子们随时所记的一部不十分系统的著作，分了很多条，来说明汉族文化文明的可贵。这是他留给世间的一部很好的著作。

教育家、政治家章士钊先生

第四位便是我当年倾慕的章士钊（号行严）先生了。他与章太炎先生相比还要算作晚辈，但他们却是很好的朋友。

我得知行严先生是从阅读他的文章开始的。我十几岁时就怀有救国之愿望，所以就留心国家大事，认为首先要改造国家政治，当时推崇君主立宪政体，日本国虽然行通了，但我们不行。因为国与国之间的历史、文化、政治、经济都不相同。英、法、美等西欧、北美各国也不尽相同，我留心比较各国政治的异同处。当时，行严先生在英国留学，便经常写文章介绍和讨论西欧议会制度对政治的影响，寄回国内在《帝国日报》发表，我非常喜欢看。当时他的笔名叫"秋桐"。还有一种叫《欧洲通信》的刊物，也时常登有"秋桐"的文章，我都找来一一阅读。我不知"秋桐"为何人，却深深佩服他分析辩论的文章，使人读过心情豁达痛快，赞叹不已。

随着国内革命形势的高涨，我不仅阅读在京的各家报刊，并向南方上海订报刊，因在上海外国租界内，国内革命人可以办报，可以讨论倡导革命思想。首先就是孙中山先生倡办的《民立报》上，又有许多署名"行严"的文章与署名"秋桐"的文章，尽管内容不一样，但我断定两个署名必定是一个人无疑。与此同时，梁启超的"立宪派"所办的《国风报》为半月刊，多为讨论时局政治，但亦有讨论学术的文章。我看到一篇讨论翻译名词的文章，指出翻译外国文章最好的是严复（号几道）先生，并指出他的译文长处与不足，并提出自己的主张。我一看此文字，认出还是出自一个人的手笔。我倾慕的心情不为文章之议题不同而不相随，在思想上彼此相通。行严先生的特长就是提倡逻辑思维，用这种思想理论把道理讲清楚讲透彻，从而自己提倡之立和破就存在其中了。

我佩服行严先生还有另外的一面。孙中山先生组织了"光复会"，同时还有一个组织是"兴中会"。孙先生将两个组织联合起来，成立了"中国革命同盟会"。参加同盟会要重新履行入会的手续，要宣誓、签名、按手印。行严先生个性很强，对宣誓、签名、按手印坚决不从。当时太炎和张继都是中山先生的朋友，逼促行严先生履行程序，他执拗不从，便被关在屋子里谓不从就别出来。行严先生到底仍是不屈从。

辛亥革命的胜利，不单是靠南方革命的北伐武力。当时清廷袁世凯掌握重兵，北洋军队是装备优良的军队。袁世凯凭借自己掌握的军队，一面不要清廷统治，另一面也不要南方革命军，他暗中勾结南方革命军吓唬清廷退位，同时，又用武力威胁革命军要把民国的总统之位让给袁世凯，才同意成立中华民国。

南方革命军恐怕与袁世凯打仗没有胜利的把握，便以成立中华民国为条件，将总统位置让给袁世凯。随后即出现一个问题，那就是定都在什么地方。南方革命党主张定都南京，因为南方革命势力大，比较符合革命的利益，而行严先生在《民立报》发表文章，主张定都在北京，并指出设在南京有种种缺点。他的话，也许有道理，但却与革命派的意见大相径庭，故有《民立报》内部攻击行严先生是"奸细"。广西的马君武先生声称要打他。行严先生不得不退出《民立报》，而自己创办了一个刊物叫《独立周报》。他在创刊词上说，我的《独立周报》是无所依傍的意思，我的性格是一向独立，并把未加入同盟会的经过写出来，并有一封信给杨昌济先生，信中说，我们在日本、英国都在一起，你比我大，你的人品谁都相信，我就是要你为我做证，太炎、张继是怎样把我关起来的，这件事你知道，人人都相信你，你能证明这一切。

我叙述此事，用来说明行严先生独立不迁的性格，不为他人甚至党派而隐藏自己的观点，体现了光明磊落的精神。我喜欢他的文章，更是久慕其人，他创办的《甲寅杂志》也很轰动，他的杂志也刊登过我的文章。

行严先生曾任西南政府讨袁秘书长，然一见面谈话，使我很失望。袁世凯死后，南方以及北方各省都与段祺瑞接洽，希望北方政府拨款来作为南方起义队伍的遣散费。这约是1915年的时候，大家都对行严先生办好这件事抱有希望。他作为南方讨袁军代表，在京城大摆阔气，请客吃饭，一切都很豪奢。所有来客都是各界的有名人士，而他们的谈话完全与政务无关。他带有一大箱子，从中拿出字画碑帖，让客人评论，并不停地估价。我一看到此，心里很不赞成。因为南北政局尚未解决，国内国际情况仍很危难。难民多而安置财力不足，有心肠的人则必须为国家解决问题，怎么能在这危难之际大搞字画交易呢？我口中不好说出，心里十分失望。

行严先生多才多艺，各种欲望也就多。例如，他有收藏古玩字画等爱好。在我看来，国难当头，不尽心挽救，却有此闲情逸致，非救世之人。

新中国成立前，蒋介石就很优待他，送钱给他享用。

新中国成立后，毛泽东也很优待他，送钱给他享用。此盖因行严先生与毛泽东有一段因缘。毛泽东在北大求学后南返，要创办《湘江评论》和资助革命青年去法国留学。毛凭借恩师杨怀中一封信，向行严先生借款，行严凭其威望筹几百银圆给毛泽东。故解放后，毛泽东对行严先生优惠对待。

【梁漱溟日记】

1971 年 5 月 15 日（星期六）

早起写发言稿（参考《哲学辞典》《联共党史》）。气温不高。咳嗽未瘥，亦未加重。服鸡鸣丸。晚间维志来，为谈章太炎、行严两先生事。

初访延安对毛泽东的印象

1938 年初，我赴延安访问，在此地住了十六天，与毛主席见了八次面。其中有两次谈话从下午四五时至通宵达旦。这是他因战争所养成的工作习惯。

在谈到当前抗日、军事、外交等方面的问题时我完全赞成毛主席所说，但谈到抗战后如何建国方面时则有着不同的观点和立场。我强调要充分认识中国社会的特殊性来完成建国大任。毛主席则不同意我强调的中国社会特殊性，但亦不完全否认。我们对这个问题的认识与看法不同，便谈不下去了。毛主席说，你太强调中国社会的特殊性而忽略了它的一般性。我也正好要说，你只看到中国社会的一般性而忽略了中国社会的特殊性。彼此辩论问题是很容易激动或动气的，可是辩论后我告辞出来心里却很舒服。这是因为毛主席言谈观点虽明确，却不是咄咄逼人，给我的深切感觉是六个字：从容、自然、亲切。

以后，我代表民盟赴香港创办《光明报》，撰文写与毛主席的相见，使我想起诸葛孔明称赞关羽的话："未若髯之逸群绝伦也。"

【梁漱溟日记】

1971 年 5 月 26 日（星期三）

早出进食于外。写稿有得。收马仰乾一信。午后天阴去紫竹院散步甚佳，回家再写稿。雪昭约来未来。晚为维志谈往事。

国民党山东省主席韩复榘

1937年8月20日，我从南京北返时在徐州访胡宗南司令相晤并住宿。次日，陪同军事专家蒋百里先生到山东济南视察。

蒋先生此次专为视察山东防务而来。下火车后，韩复榘省长派民政厅长接我们，把蒋先生安排在师古贵饭店住下。我随厅长同去省府见韩。韩问："他来干什么？"我说："不是南京有电报给你，让他视察防务嘛。"韩说："梁先生你与蒋同来一路谈了不少吧。"我说："蒋先生十分重视山东防务，因为山东防务关系重大。"韩说："日本一旦南攻，山东、徐州、南京都保不住，上海也不好守。整个局面中国东部地区都守不住，只有撤到平汉路以西，等待国际援助，再反攻收复失地。"他无意中把对抗战的全局观都说出来。

再见到蒋先生时，我将韩对时局的分析仔细告之。蒋击掌说道："他的看法很对。"

12月我去武汉见蒋介石，蒋否认从南京撤退到武汉，我告之韩复榘对大局的态度。蒋说："我知道，他的这种态度就是保存自己的军队。"

【梁漱溟日记】

1971年6月7日（星期一）

早起维志来抄书。七时半去新街口进食。转至政协学习会，发言散漫。十一时回家午饭。知王星贤来过，即答访之，并访朱谦之。维志来，为谈山东往事。

我所见到的袁世凯

我生在北京，受父辈影响，从小就关心国家大事，留心社会上发生的各种事件。经好友介绍，我在辛亥年参加了同盟会。清廷退位，我到了《民国报》做新闻记者，可以访问一些要人，有旁听重要会议的资格，当时的国务院及各大党派总部都可随便出入。

1912年3月10日，袁世凯就任中华民国大总统，在国会街（今新华通讯社）参议院宣誓就职讲话。待他讲完话后，要在庭院中集体照相。我站在过堂门处往南看，袁从我身后过来，近在咫尺，我偏头一看，一览无遗。他身高与我相仿，身体宽大头也大，花白头发，胡须也未刮，身穿一套很旧的军装皱皱巴巴，甚不利落。可见，他在如此重要场合并不恭敬认真，不当成一件重要的事。

在临时参议院未选举时，既已公认由袁来担当大总统之职。袁世凯之所以能就任大总统，是因当时北方武装军事力量强盛，而南方革命势力抗争不了，所以袁世凯占据了历史的先机。

【梁漱溟日记】

1971年8月1日（星期日）

此日建军节，收有请帖。午后去政协参加庆祝会，五时半回家。晚饭后维志来，续讲西欧政制问题。写稿（第十二章）。

美国五星上将马歇尔

郭沫若在国共和谈时期属中间派和社会贤达。他身为代表看问题，认为美国偏向国民党，这一点我不否认。这是由于美国制度从根本上反对共产党，但是美国希望中国停止内战和平建国也不是假的。

马歇尔将军是70多岁的人，他调停国共两党停止内战的意思也是很真的。在调停中他遇到的很多问题使他很苦恼，这都是蒋介石给他造成的。蒋介石大权在手，和谈签不签字，全等蒋的一句话。蒋介石很坏，一有事就躲起来，所以有马歇尔九次上庐山找蒋议事。有一次，共产党和谈代表董必武、王炳南在南京兰家庄看我，叙说马歇尔被蒋介石气得浑身发抖。

马歇尔作为美国派驻中国的高级军事人员，美国政府偏袒蒋介石是无疑的，但马歇尔在抗战中发挥的作用是不可低估的。后来，马歇尔回国担任国务卿，他很痛恨蒋介石，在援华经济上很卡他。

【梁漱溟日记】

1971 年 9 月 1 日（星期三）

早起维志来抄书。出外散步即回，写稿一段。午饭后休息。二时去东风市场购水果，遇大雨。四时回家晚饭。菜出门，回来甚晚。

我与冯玉祥将军的往来

冯将军信奉基督教，人称基督将军。1923 年秋，冯将军被任命为陆军检阅使，奉调到北京，驻军南苑。我的好友王鸿一先生与冯将军相知有素，1924 年旧历正月十三日，由他热情介绍邀我同去南苑，由我为冯部将佐讲演三天。至冯公署内，冯将军进城不在，我们则与其幕僚军法处长邓哲熙及顾问咨议沙明远、虞锦新等人谈话。至晚冯才归。

次日，冯将军陪我同往驻地青年会大讲堂登台讲演，冯将军则坐台下听讲，态度很是认真。午后，再度登台讲演。第二天亦如是。第三天则只讲演半天，下午则返回城内。

我现在回忆所讲演的内容，大约为我认为儒家的思想与宋儒朱子对儒家的说法之不同。

1932 年春，冯将军住在山东泰山普照寺内，由他原部下山东省主席韩复榘奉养。而此时我在山东创办"乡村建设研究院"，开展办学与工作。一次我因病住进德国人开办的医院，冯将军闻知便委派韩多峰带礼品代表他来看望我。

待我疾病痊愈后，便择机回访答谢冯将军于普照寺内，握手言欢。晚饭后，我欲乘夜车返回济南。冯将军问我登过泰山玉皇顶看过日出否？我说："自己很少游山玩水，兴趣不在此。"冯将军说："既然来到泰山，不应失此良机。"其意甚诚，我只得允诺。冯将军委派他的英文秘书于后半夜陪我上山，至山顶恰好见到东方日出景象之妙。

　　日后，我与冯将军多次相晤，因无重要之事便不再述了。

【梁漱溟日记】

1971 年 10 月 26 日（星期二）

　　早起进食后接小宁散步，回家午饭，又送其回玉带胡同。晚间雪昭、维博、维志先后来，各有寿礼，漫谈甚久。

访冯友兰于家中的谈话

师曰："你我早年在一起为国家危难而寻求救国之道。在 50 年后的今天，在党的领导下，出现了如此昌盛的国家，这几十年的变化是我们亲眼所见，甚至是我们亲自参与其中，你对这种变化，有什么看法？"

冯先生回答说："解答这个问题要按马列主义的说法，中国古代的农民战争比其他国家的农民起义战争，不但次数多而且规模大。毛泽东说，农民战争是推动历史前进的动力。然而虽说推动了社会的进步，却没有脱离一治一乱重蹈覆辙的规律。古代如汉高祖刘邦、明太祖朱元璋都是普通人，却成为农民战争的胜利者。按照马列主义的说法，农民战争不能对社会产生根本的变革。毛泽东是在农民战争中加上新的马列主义，就变成了无产阶级革命了。性质不同，走的不是老路，所以就出现了新局面。这种以农民为基础势力再加上马列主义理论学说，就是今日中国取得胜利的由来。"

冯先生反问梁先生是什么看法？

师曰："中国今日新局面的出现，有个主要因素，是中国共产党搞了五十年的马列主义。毛泽东在《矛盾论》中说，外因要通过内因而起作用，马列主义是外因，毛泽东思想是内因，二者相结合才能起到作用。毛泽东思想作用之大无可辩驳。但一个人起的作用终为有限。我要说社会大于个人，中国社会几千年文明延续至今日，谈历史就不能不谈文化。毛泽东是中国社会培养起来的人，他也必然要通过中国社会而起作用。这是我认为中国取得胜利的由来。"

【梁漱溟日记】

1972 年 1 月 9 日

早四时起写稿。维志来。九时半去北大访冯芝生，谈至午饭二时。去看颂华及小孙，四时回到家。菜去赵家。晚间维博来，维志来，赵春生来。

我的父亲

我和父亲很佩服梁启超，他领导的维新变法，对当时的参议院制度很抱有希望，可是所选出的议员却糟得很。我父亲于1918年上冬故去。他对国会很失望，对军阀破坏社会秩序祸国殃民非常愤恨，对张勋的复辟帝制非常不满意。他曾两次写信给张勋，指出复辟对国家和清室都无益处，以"无求"两字为属名。他所痛恨的是，你们不应该搞复辟闹出乱子死了很多无辜的人，而你们却都一跑了之，其实应该死的是你们。你们宣称效忠清廷，但忠臣是没有你们这样的，我都替你们感到可耻。他在写《敬告士人书》中有"国性不存，我生何用"的话。这充分地表明了他对社会的不满，既然无益于国家，生存于社会也就无有意义了。

1918年旧历十月十日是我父亲六十整寿。之前，我们在家中裱糊房子准备为父亲过生日。他说在此不方便，便携带笔墨到积水潭老友彭翼仲家中的小楼上暂时栖身。

生日的那天一早，我家车夫去接父亲回家。噩耗传来，他于当日天未明时投水自尽，此时湖面结有薄冰。在他栖身的楼上放有十七封信，其中一封信是投水前写的。从文字词句上来看，很是从容。

清朝末代皇帝溥仪的老师陈宝琛与我父亲素有往来，他将此事告之溥仪，溥仪皇帝表彰其忠，赐予谥号"贞端"。

我的祖父在山西永宁州（现为吕梁市离石区）做知州。旧制正月初一封印，他于此日故去，时年 36 岁。此时我父亲才六岁。祖父从广西来，讲广西话，祖母是桂林人。祖母的文学很好，但一生未生育，我的父亲是庶出。庶祖母亦是广西人。父亲与祖母感情很好，但祖母对父亲管教太严厉，旁人亦可看出并非是亲生。但我父亲越到晚年越感觉她好。教父亲识字读书都是祖母的事，稍有疏忽，常常挨打，但父亲对我们却非常宽放，特别是对我。那时，我很不听话，随意而行，他从不勉强地管我。

我父亲曾在慈幼堂念书，后来在那里教书。祖母在家开蒙馆，也收点学费以供生活所用。她在五十几岁故去。

我父亲 27 岁中举，会试了几次没能考中进士，于是便交了一笔款得一内阁中枢（内阁的翰林院，此职位在京官中特别清苦，没有俸银俸米，生活很是困难）。我父亲只得靠笔墨生活。当时乡试主考叫典试，考中后放出做学台。在临出京前要准备很多对联，以供应付之用。他们便请父亲为他们写对联或扇面，后付笔资。还有放出的官员、抚台、番台、总督到各省去都要递禀帖，也请我父亲来书写。他就这样生活了很久。

清朝末年，朝廷去六部，增添新衙门，在北京城内设巡警部，设内外城警厅。父亲在城外警厅任教养厅总办，职责是把犯罪轻的犯人和社会贫民数百人收养成立教养局，组织他们劳动，如织布、做手巾、干木工活等。他任职二三年，把挣来的钱盖房子以为长久立业之用。父亲到了巡警部不久，又进入民政部。这时短期有点收入为"印结"所得之钱。"具结"等于是一个收条，用来证明一件事情，需要他人来保结，保结是需要找人请京官来加盖印章，但需要视情况来交纳一笔钱。盖上了印章叫"保结"（一般都要找同乡的京官）。收来的钱大家平均分了叫"分印结"。这种工作也不过是一二年光景。那时，父亲的官衔是候补员外郎五品。总的来说，他那时的社会工作情况大致如此，这种生活后人是无从了解也不会懂得的。

父亲投水自溺的原因向上追溯是他对清廷的愤愤不平。他在做官上很不得意，而他的朋友却飞黄腾达。因为他们以钱财奔竞官场奔走富贵之门。父亲坚决反对，认为他们是没有廉耻。自己越不这样做，就越没有升官的机会，内心愤慨不已，郁积心中，越来越看不惯现实社会。

父亲的思想很新潮，他重视西洋文化的长处，很佩服梁启超并认真阅读梁主办的《时务报》及《清议报》，提出中国不能再守旧，要奋起直追西洋。

父亲关心国家大局，主张走开明的道路，并与老友彭翼仲志同道合，办报纸以开民智，反对列强侵略。我父亲赞成康梁之举，但没有与他们取得联系，是比较谨慎的风格。

清朝退位后，民政部改为内务部，总长为赵秉君。父亲给他写信建议他多办些事情。赵筹备组成内务部时，将我父亲列入其中。接到通知到内务部工作几个月，就传言要加薪金。父亲便上书给赵总长，说现在老百姓很穷很苦，不忙着加薪。内务部加薪后，父亲不领薪金，以示坚决反对，不久便辞职了。

我父亲一贯主张"尚实"，反对"虚文"。认为清朝之所以衰弱都是读书人作虚文所致。西洋社会如此之兴盛，主要是讲求"务实"。心眼实在、办事认真是他一生的特点。在当时的社会注重实利是有积极作用的。他的思想大概如此。

父亲在他后半生中出了宣传小册子，以表达自己爱国忧民的思想，借以达到"开民智"的目的。第一个印刷本《女子爱国》（《左传》上的故事）及《暗室清天》《好述金鉴》等二十多种印刷本是以爱国为主改良为辅的两种思想贯彻于始终的。

父亲一生著有《辛壬类稿》《别竹辞花记》《伏卵录》《思亲记》等。

【梁漱溟日记】

1972 年 1 月 16 日

早起写稿。维博来订书，维志来抄书。同维博散步附近。维志晚间再来，为谈先父生平事略。

刘绍先先生

刘绍先从协和医学院毕业后，又去法国深造数学、地理、天文学等学科，在抗战中归国，在桂林中药研究所研究中草药。我问他，中医"五行学说"是否可以成立。他说，五行学说完全正确可以成立，五行学说代表着事物循环变化的五个点，很有道理。

50年前，我在《中国文化要义》一书中说，对于中医的某些理论，只可去把它当作一种意味，而绝不能当作事实，就如《易经》中乾、坤、震、艮等，各代表着一种意味，却不可当作一个具体的事物。事至于今，方知对中医的解释是大错了。

【梁漱溟日记】

1972年2月15日

旧元旦。六时起，微有感冒。维志来，为谈中医"怒伤肝"等。郭大中夫妇来坐，雪昭夫妇及其三女来闲谈甚久。维志午后再来抄书，维博晚来粘书页。

我与伍庸伯、李济深两先生结缘

要说我与李济深的相识，就不能不先述说一下伍庸伯先生。

伍先生是广东番禺县人，祖辈没有读书人。他先在广东高等学堂学习，却在一次学潮的风波中被开除，以后又考入将弁学堂（这是两广创造的新式陆军军官学校），因学业优秀授管带之衔。

民国元年，北洋政府在北京开办陆军大学，他成为第一届毕业生并留校担任教官。这时他收入丰裕，又年轻有为，本可在军界大显身手，但他却很烦闷。人生的意义何在？人生的道路应该怎么走？他对这些问题迷惑不解，烦闷到很深的地步，以至食寐俱废。所以他博览群书，寻师访友，涉猎于佛教、道教、天主教、耶稣教等，又经常步行到北京大学旁听各位教授的讲课，以期得到解惑。

1914年，伍先生反对袁世凯称帝，拒绝在陆军参谋部的"劝进表"上签名，因他为人正直不阿，故也无事。袁死后，部中长官曾说给伍先生参议名义，每月送一百二十元车马费。他推之不授，于1916年秋辞官而去。这时他已结婚，辞职后生活无来源，便由陆军大学的同学李济深等四人每人每月送他五元钱来维持生活，约有七年之久。

1919年，伍先生托林宰平先生约我相晤于林家，向我请教佛法问题。以后，伍先生走上了儒家的道路，对孔孟之学研究有了很深的造诣，便在其朋友间聚会讲解"四书"。我与李济深经常参加聚会，故始相熟。我以后的婚姻也为伍先生推荐而成。

1921年阴历九月二十五日，梁漱溟与伍庸伯及友人摄于北京动物园。前排右起第六人为梁漱溟，右起第八人为伍庸伯

李济深是同人中对伍先生最佩服、最忠诚的一位。当时，李公在陆军军学司任职。北洋政府穷得很，不单教育界发不出工资，就连陆军部也经常发不下饷来。此时，南方孙中山的部下陈炯明背叛孙中山，而陈的部下第一师师长邓铿却忠于孙中山。邓是伍先生的陆大同学，又曾在伍先生部下任职。1920年间，邓不断来信、来电邀请伍先生回广东。其大意是说，由我任师长，屈尊你任参谋长，但一切行动听你指挥。伍先生无意回广东，他对时局看不清楚时，绝不随便参加行动和发表政治主张。由于邓力邀甚诚，伍先生便推荐李济深回广东任邓部参谋长。

1922年邓铿到火车站迎接周善培先生（周是广东训练新军将弁学堂的主持人），不料被陈炯明所派刺客枪击身亡（此一说法与现载历史有异，姑存此说），故粤一师师长之任，便由李济深接任。李深得孙中山器重，被委派做西江督办，驻地是他的家乡梧州。他不仅有了军队，而且有了扎根的地盘。

1924年，孙中山委派蒋介石创办黄埔军校，并请李济深协助此事，委任李为副校长。邓演达、严立三等人来校皆由李推荐而来。

1925年，蒋介石与李济深合作，扫平了粤界的杂牌军队，广东形势趋于统一。李济深此时迭次来信催促我南下，共同致力革命事业，但我自认为尚未看清中国前途之出路，故未应邀前往，但心中又对此一新兴势力寄予很大希望，故乃推荐王平叔、黄艮庸、徐名鸿三人先行赴粤，以协助李之工作。

1927年，我赴粤访伍庸伯、李济深两先生。不料李济深未征得我同意，便电请南京中央政府任命我、伍庸伯、徐景唐三人为广东省政府委员。我因一直怀抱"乡治"之主张，故辞而未就，移居广州乡间。

1928年初，李济深请我来省城，每夜间于司令部长谈政局前途及我的乡治主张并宿于此。李济深颇为信受。自此我乃参与其政治行动。

李济深任两广政治分会主席兼广东省主席。他欲将省主席一职交由陈铭枢主持，其意甚诚，而陈则拒而不受，我只得从中劝驾。同时，在两广政治分会内设一建设委员会，策划两广一切建设事宜，我则代表李济深担任建设委员会主席一职。

国民党首领之一胡汉民从欧洲回国抵港，陈铭枢去香港迎接。我素来认为胡言词浮夸而无实才，李、陈二公却颇信任之。二公若拥戴胡汉民必于大局不利，我特赶到京、沪相继进言二公。适蒋介石、胡汉民留李济深于中央，而以广东省政之事畀陈，我则促成其事。

1929年2月，我曾于上年在两广政治分会上提出"开办乡治讲习所建议案"，得到中央政治会议核示，允许试办。我则向政府请求先北上到河南、河北各地参观考察后再着手创办。

我离开广州后，政治局势骤变，盖因武汉政治分会免去湖南省主席鲁涤平之职，蒋介石乘机向桂系用兵。在广州之李济深、陈铭枢、黄绍竑诸公，为避免内战再起，齐行入京，以释前嫌，即被蒋介石扣留软禁在南京汤山。

1933年8月5日，我由杭州返沪，黄艮庸受李济深、陈铭枢之嘱托，告之在福建建立反蒋根据地之事征询我的意见。我极力反对内战，力劝慎重，并表示将拨冗去香港与李、陈二公面谈，但未及赴港"福建事变"已经发动。

1942年我受民主政团同盟之托，赴香港创办《大公报》。不及一年，日寇攻陷香港，我则在中共驻港代表范长江的帮助下，乘小船离港，历尽艰险，辗转来到广西桂林。

在桂林期间，我与李济深、李任仁（广西参政会议长）策划抗日一切事情。朱蕴山为李奔走于张发奎、薛岳等处进行联络，以形成一种抗日势力。

美国驻桂林领事林华德与在桂抗日人士积极往来。美国将军史迪威曾派其参谋与李济深秘商，在广东沿海迎接美国军队登陆，帮助进行抗日，因时势变化未能进行。

【梁漱溟日记】

1972年5月28日

早起写稿。维博来助洗衣、购物。维志来，二人谈话颇多；精神散放。午饭后小休息。二陈再来，又有些谈话。维志以内科医书示我（有关肺气肿）。借去马恩二卷集。天阴冷，有雨甚小。

梁启超的学力及为人

梁启超为康有为之弟子。他博学宽泛，但皆有不能深入之研究。他善于发挥和宣传，其书写的文章极有号召力，但他没有一门学问深入的研究，以传于后世。

梁先生在当时享有赫赫大名，如日中天。他对做事情是一腔热情，不遗余力。他高兴起来有眉飞色舞之态。此一性情，容易由其所爱而偏之于中庸也。

梁先生一生投入政治，两次参加政府（袁世凯政府时担任司法总长，段祺瑞掌握政府时担任财政总长），被人利用，皆以被抛弃而告终。

梁先生晚年学习佛学，曾与林宰平先生来我家中谈论佛学。我们之间多有信件，求问佛学之事。往来信件在抗战中遗失了。他也曾在欧阳先生处听讲"唯实"之学。

孙中山、康有为、梁启超、严几道诸位先生，初始皆推崇西洋文明，而至其晚年因经历之多，而对之初心有所觉悟。谓：中国的文化才是世界最好的。孙中山在日本讲演中曾言，外国的一切文化皆是霸道，而独中国文化实行王道也。

【梁漱溟日记】

1972 年 8 月 13 日

早起续译摘罗素书。天气风凉，有小雨。维志来抄书，嘱其代购食品。嘱维博购挂面，送致杨公庶一信。取回洗件。为维志谈梁任公学力及为人。

印度伟人甘地

印度伟人甘地为人富有感引力，精神态度诚恳谦逊，表里如一。他的言行犹如赤子之真切而不矫揉造作。他主张非暴力抵抗运动和不合作运动。凡是有人用暴力去行动，他就绝食自省，以此警训众人。其最大的特点就是能使反对他的人信服尊重他。另外，他能诚心诚意地听取反对他的人的意见，同时也使反对他的人感觉到他好像木石一样，根本没有听进去。

【梁漱溟日记】

1972 年 12 月 2 日

早起清理信件，取出有关伍先生传略者。周来助理琐事。午后访舒宗鎏谈话，无所得。回家知马先生来过。阅泰戈尔英文著作。维志来为菜按摩。

胡适一则逸事

胡适先生发表了一篇对哲学的研究文章，他评价哲学是不成熟的科学。一日遇金岳霖先生，便问："我发表关于哲学的文章如何？"金说很好，但应加上一句话——"我是哲学的外行"。

【梁漱溟日记】

1973 年 5 月 5 日

早起写稿。维志来，同去百货大楼购大提包、磁大杯、面包等，回家午饭。饭后访申府略谈，还所借书，又取回文稿。到政协取工资回家。晚间宽儿带来胡真信。

周善培（孝怀）先生

　　周老先生才略双全，有思想有能力，一生写作了许多著作，其中有关《易经》之《易经杂卦》一书值得重视。他在康梁维新变法时关心时局，在辛亥革命武昌起义时，又亲自周旋其中，后在广东创办"将弁学堂"。伍庸伯先生为该校学生。

赠书训勉维志

谦虚、谨慎、戒骄、戒躁，为中国人民服务，为世界人民服务。

维志年少好学，从游于我数年矣，雅有契合，余目以为契友。1974 年孟春，索余为书训勉之言，用以自励。余思之再三，深觉可以终身诵之，时时反省之，无逾毛主席此一训语者。因书之以赠。

八十二叟梁漱溟

【梁漱溟日记】

1974 年 2 月 16 日

早起考虑写一新文，阅读材料终日。晚间维志来。闻李德田维出问题；以书训勉词予之。

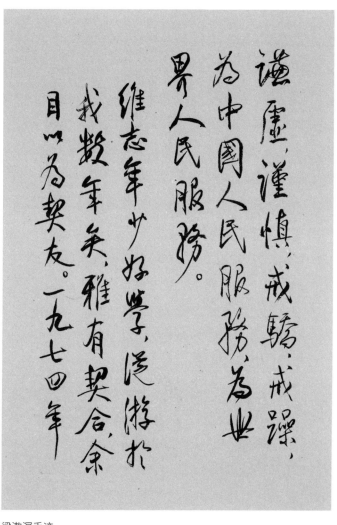

谨虚、谨慎、戒骄、戒躁，
为中国人民服务、为世
界人民服务。

维志年少好学、远游于
我数年矣、雅有契合、余
目以为契友。一九七四年

梁漱溟手迹

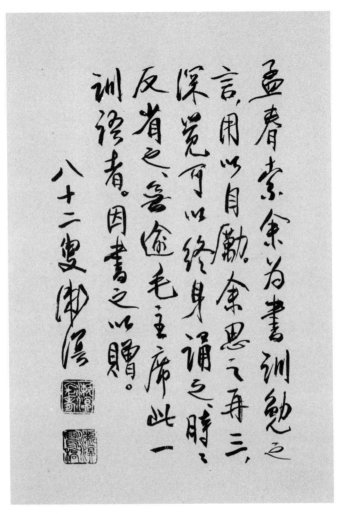

梁漱溟手迹

　　朝夕琐记：梁漱溟晚年谈话录

赠维志训勉之词意思

所赠之词意义有二。

训词完全符合佛家的最高道理，佛是超生死的，因他是与民同为一体的，所以佛有"不舍众生、不住涅槃"的话。佛还要回世法间，为人民解脱苦难。

儒家的最高道理也在此。此一训语应为至高无上的，无有逾此者，故应终身诵之，时时反省之。

【梁漱溟日记】

1974 年 2 月 20 日

早四时起，写新文。秉华送回《人心与人生》抄本两册；谈话甚多，随答渊庭一信发去。天阴冷。出购黄瓜、油饼等。晚间维志来，为之讲明赠言意思，又分析文字优劣。

开国元帅刘伯承

刘伯承元帅真是文武之才。解放初期他与邓小平主政西南政务，有人建议将四川"哥老会"（解放前的帮会组织，常为反动势力所利用）的全部成员深究查办。刘伯承却平淡地说："此事提起千斤重，放下四两轻。对犯有罪行的哥老会人员依法查办，其余成员不要涉及。"此一举措，安抚了无辜的哥老会成员，对罪行确凿的成员依法惩办，使社会平稳过渡，真是有识之见，值得深思。后人在处理群体事件中宜谨慎之。

【梁漱溟日记】

1974 年 4 月 22 日

补：昨夜维志来看伤腿。早起不服药，进食后维博同出租汽车来，即赴北大医院就诊外科，取得伤处涂药及内服药。回家午饭休息。有唐山公安局外调来谈话，留下文件待答复。晚间维志来为我敷药于伤处，并谈话不少。补：发罗太太一信问小米。恕儿送来新购半导体收音机。

　　　　　　　　　　　　　　朝夕琐记：梁漱溟晚年谈话录

张东荪教授逸事

张东荪是中国民主政团同盟的发起人之一，抗战胜利后回到北平燕京大学任教。他曾为和平解放北平多次劝说国民党傅作义与中共谈判，不能让战火毁灭北平古都，是奔走促进北平和平解放的人员之一。

张东荪与我相熟多年，他心眼很灵活，但为人不够诚实。他身为教授待遇很高，但他对共产党取得胜利还是看不准（意思是说不定哪一天就会变天）。

有一位叫王志奇的人与张东荪为牢友（日本统治时期），他吹嘘能与美国政府取得联系。当时中央政府人民委员会委员约60人，张东荪名列其中。故凡中央文件皆送张东荪阅看。王志奇便从张处数次盗走中央文件。张东荪也不太相信大陆局势能稳定下来，故开了一个名单给王志奇说："政局有变，这些人都可联系。"王志奇的特务行径被北京市公安局抓获后，并查出了名单。

此时，张念渠与其弟张东荪住在一起。我去看望他。张东荪夫人恳请拜托我，见到毛主席了解一下他对此事的态度。1952年8月7日毛主席召我面谈，临末因受张东荪夫人之托，询问一下毛主席对此事的态度。"张内心慌张，如醉如狂，寝食俱废，我既恨之，又怜之，虽无意为之求情，亦愿探悉主席将如何处理。"不意主席于此事竟不见恼怒，回答我说："此事彭真来向我详细报告了。彭真要捉起他来，我说不必。这种秀才文人造不了反。

但从此我再不要见他，他再不能和我们一起开会了。想来他会要向我作检讨的，且看他检讨的如何吧！"（见《梁漱溟全集》第七卷451页）

张东荪的检讨一直写了三遍方才过关。事后，中央政府没有给张背上什么罪名，取消原有职务，由中央文史馆每月发给生活费100元。

【梁漱溟日记】

1975年1月13日

早六时起，未写稿，核阅成稿一次。写发渊庭一信。终日未出。晚间鲜恒来坐，维志亦来。检出王维诚写示旧件，深深感激，自愧多误。（闻停会延长）

第五讲

东西文化比较观

秦朝郡县制及罗素所见中国文化三大特点

中国社会在秦朝时大权集中，商鞅变法削弱了贵族特权，建立郡县制使中国从古代封建社会脱离开，走上了一条与世界各国不同的历史道路。

英国哲学家罗素很看好中国文化，他指出中国文化有三个特点：一、有官吏而无贵族；二、中国文字为象形字，可以永远沿袭；三、中国只有孔子文化而无宗教。

【梁漱溟日记】

1970 年 12 月 31 日（星期四）

早起即去颐和园进食散步，阳光甚好。回城在三里屯换车月票。取洗件（被里）。写发恕儿一信。陈维志午后来抄稿，晚饭后乃去。维博来，先去；为两人谈郡县制及罗素所见中国文化三大特点。

　　　　　　　　　　　朝夕琐记：梁漱溟晚年谈话录

人生三个问题、人生三种态度

在东西文化问题上，存有社会的三个问题和人生所秉持的三种态度，因而人类文化有三期次第的不同。

第一，人对物的问题。当前人类之障碍者即是眼前之自然界，人类的生存依赖向自然界索取而得到不断的满足。

第二，人对人的问题。当前之所障碍者皆在所谓"他心"，此其性质上为得到满足与否，皆不由自己一面决定。

第三，人对自己的问题。当前之障碍者乃还在自己生命本身，此其性质为绝对不能满足者。

第一种人生态度，是人的两眼向前看，径直向外（自然界）要求去，从对方下手段改造客观环境以解决问题，而得到解决人类向外界的索取生存问题。

第二种人生态度，是把向外用心的双眼，转回来看自家，即所谓"反求诸己，尽其在我"。调和融合人与人之间的隔阂，主观地适应环境问题之解决，以从根本上不生出要求为最上之满足。

第三种人生态度，就是在完成人对物的使用后，协调好人与人之间的关系，使社会至臻于完美后，人们仍然会向前追求，于是就产生否定人生，向更高境界的探求。

社会上的人生三个问题及人生的三种态度，各有深浅前后之次序不同。然而当人们感触到社会问题之初，也不必依其次第。当其顺之以进者，必合乎天然顺序，得其常理。三个社会问题，三种人生态度，就形成了宏观的世界文化进步史。

【梁漱溟日记】

1971 年 5 月 22 日（星期六）

早起抄第十一章完。去王府井购招柑、蜜枣等回家午饭。少怀来漫谈。补：维志早来抄书。晚间再来，为讲人生三问题三态度。维博亦来过，以旧内衣分赠之。入夜有小雨。

中国社会与欧洲社会不同

　　中国老社会是异于欧洲社会的。一般来说，欧洲社会是先有集团而后产生领袖，领袖出于此集团组织，而中国老社会则不同，乃是先有领袖而后有集团，如宋朝赵匡胤"杯酒释兵权"的历史典故，为之后历朝历代所效仿。这种情况似乎已成为规律。究其原因皆是以人为造成的集团，已非固有集团选出的首领。所以，以人为造成的集团，人人皆可以因其势而自为。所以，古代帝王皆慎于此，足见出中国老社会之特殊。

对中国文化的展望

我断言，五十年至一百年，凡是受到中国文化影响的亚洲各国将结成统一的联盟。

【梁漱溟日记】

1971 年 12 月 16 日（星期四）

早起抄改稿一纸。进食后去政协参加学习会。十一时回家午饭，后去剪发。购得可可粉。维志来抄书。收潘怀素自上海来信。

中国文化

由于中国文化是世界文化的早熟品，所以它的传播是有限的。

由于它是早熟品，所以是不能持续的，它的传播亦不能适应时代的需要。

中国文化的早熟就是要求人们把向外用力的心（指谋生存）收到自己的身体内来。

由于中国文化早熟而科学技术尚未发达，所以人们对客观的认识及许多事物上都存有迷信的色彩，而部分地掩盖了理性早启的道理。

清朝顺治皇帝与乾隆皇帝的区别

清顺治皇帝在位十余年而后出家隐世，乾隆皇帝却精通汉学治世辉煌，两位皇帝大相径庭却是为何？

人一生的道路多少因人对社会的感情深浅侧重而不同，即所谓人生观。对国家和社会感情深厚的是现世思想，而有的人对国家社会抱有的是清静淡泊的态度，以修炼自己身心为目的，这是一个人的好恶问题。喜好什么就必然要走喜好的路，这不是知识和认识的问题。一个人喜好什么，往往左右了他对人生道路的选择和对知识的不同见解。

宋明儒学大家往往都有出入于儒、释、道的经历，而后又归落于儒家。禅宗是佛教外的别传，这在印度几乎是找不到的，而在中国却很盛行。中国儒学与道教的兴起，主要是在印度佛教传入后与之相对抗中发展起来的。此处说的发展是说复兴孔子之传的真学问。孔子之后，儒学约一千四百年续而不断。宋儒二程是继孟子之后的孔儒之人。此亦因魏晋文人清言、玄谈者多，崇尚虚无，多以老庄思想解释儒家经义。这是因汉朝孔学规矩严格而引起的"物极必反"。

【梁漱溟日记】

1972 年 1 月 8 日

早四时起写稿。去清华园洗澡，回家午饭后小睡。再写稿。

朝夕琐记：梁漱溟晚年谈话录

身家、国、天下

过去中国人的心中以身家为念，缺乏集体和国家的概念。这样在国际的竞争中不免要吃亏。外国人称中国人是自私的。外国人以国家为念，称之为爱国。然而随着历史的进步，转而中国人以天下为己任，天下四海为一家，以为将来社会所用，而外国的国家集体观点则不免落于狭隘矣。

【梁漱溟日记】

1972 年 5 月 1 日

早起写发恕儿一信、广州马仰乾一信。偕维志访岳美中，遇于医院大门，步行谈话后回家。宽儿来，午饭后去。维志抄书，维博早晚各来一次。大风。

民族问题

中国社会浑然一体，应不存在民族分裂的问题。苏联、印度、南斯拉夫等国家存在着严重的民族分裂性。此事处理不妥，势必不好收拾。苏联对波兰、捷克斯洛伐克的做法，是一种治外乱以防止内乱的做法。从历史上看，俄罗斯民族对其他民族都进行过压迫统治。列宁曾说过，沙皇制度使俄国成为各民族的大监狱。民族分裂问题，在今天看来实为一重要问题。国家的分裂，造成民族间的对抗斗争，从人类进步的角度上讲，不能不说是一个历史的倒退。

【梁漱溟日记】

1972 年 5 月 2 日

早起写稿又抄稿。维博来助理琐事，换车月票，同去公园看牡丹，人太多。维志晚间来，取回内经讲义等二书。郭大中夫妇来坐。

欧洲宗教改革

现代欧洲宗教势力小多了，但还是有势力。宗教的信仰，因为现代较为舒适的生活，也减少得多了。但就其宗教的布局来说，还没有解体。因为宗教有一种维系社会和人们思想的作用。这种作用，只能随着人们的民主、自由、博爱的思想的纵深而减弱以至消失。如果宗教不是这样地消失，而是断然一绝，那么就要引起社会的崩溃。

本能、理智、理性

本能是一种种族遗传，是解决两大问题的方法和手段。

理智是一种反本能的倾向，偏于冷静的一面，与本能行动的情绪相反。理性是一种感情，它的发挥落在行动上则是"创造性冲动"。理性是从生物进化途中开出的一支别路。

以上这三个问题需要对照对比着来看。

【梁漱溟日记】

1972 年 5 月 7 日

早起写稿。维博来妨碍构思，同去紫竹院散步。购马恩四卷集去 7 元。雪昭来索借 60 元，以《十年建设猛进由来》一稿付其携去。晚间维志来坐，为其谈欧洲宗教改革事。忘取牛奶。

中国历史分期及儒、道、墨三家

郭沫若先生写的《中国古代史分期》这篇文章，解决了中国历史上奴隶社会与封建社会的分期问题，使之在历史学界久而悬之的问题有所着落，还是有意义的。但在中国历史上还有一个更重要的问题、更大的疑问，一个至今令人不解的谜。

中国的封建社会，从战国时期算起至清朝的鸦片战争，就有2300年之久，遍观世界各国历史，像中国社会这样沿着一定的规律演进，时间之久则是罕见的。以我的眼光来看，中国社会如果没有外国列强侵略还会延续下去，至何年何月才能发生变化呢？

在中国的历史上，秦朝的建立统一了中国，稳定了国家的版图。秦始皇成了第一位封建帝王，确立了中央集权制，制定了郡县制度，结束了贵族、诸侯分封割据的局面。

西欧和日本的封建社会是以一个贵族阶层为主的社会结构，皇帝无权力直接统治地方，贵族们分掌了全国各地方的权力，而在中国则不然，秦朝中央集权制恰恰与此标准的封建社会制度相反，其社会组织的社会结构也大不相同。中国社会阶层是以士、农、工、商为主的四个阶层，与西欧和日本的社会结构大相径庭。在西欧封建社会（也称黑暗时代）末期，城市工商业阶级兴起，并与封建主联合起来，加强了王权，而排斥贵族阶级，成立了中央集权。随之而来的是资产阶级民主革命，封建社会宣告终结。

而中国封建社会形成了中央集权制，实行郡县制度，却使中国社会于一治一乱的反复循环中，延续了 2300 多年。

从以上述说，可以得出一个疑问来，西欧中央集权制的建立，使封建社会走向终结。而中国中央集权制的建立，反而能使它久而长存，此一问题难道不令人深思吗？

在中国古代学术中，有三派不同的思维在维系着封建社会的体系。一是以孔子为代表的儒家思想，二是以老子为代表的道家思想，三是以韩非子为代表的法家思想。此三家思想在整个社会中，皆是互相参借为用，因时因势而有所侧重，并不是以一派思想统治社会。因为一个社会是靠各种不同的思想产生出的不同的效果，来维持整个社会的存在。

【梁漱溟日记】

1972 年 7 月 9 日

早起后维博来，同访岳美中不遇。回家午饭。维志来抄书，代购两西瓜，食其一。为维博、维志略谈墨子间诂、儒墨异同等问题。

朝夕琐记：梁漱溟晚年谈话录

西方现代文化的三要素及英国
哲学家罗素对中国的认知

一、古希腊、古罗马的文明。古希腊的文明偏于哲学艺术。古罗马的文明偏于政治、法律。

二、古希腊的希伯来文化（基督教的兴盛）是犹太人创造的。

三、西洋现代的科学技术。

西洋文化的三个因素，在中国社会是完全不存在的。

1. 中国没有其他文明的进入，虽说有佛教文化进入，但都融为中国文化的一部分，最重要的是不受基督教的影响。

2. 中国古代的科学技术几乎等于没有。中国有的一位是孔子，另一位是老子。

英国哲学家罗素说，他喜欢老子比孔子要多些。老子有"生而不有，为而不恃，功成而弗居"的话，即创造社会价值而不要自己占有。罗素承认中国人受孔子的影响要比老子多些。他说，中国将来必然是走向独立自主的，摆脱帝国主义的侵略和压迫，发展自己的经济和工业。但当前如何普及教育是一个大问题，他认为最好是不要改变中国人的作风。

有的学者问罗素，你说中国这也好那也好，难道就没有短处吗？罗素说，我因为喜欢中国而不愿说短处，但为了真理起见坦白地说，中国人贪财爱钱、怯懦、冥顽不灵。他说完害怕中国人不好意思。但听他讲话的人，一点也没有愠色，这就是中国人的长处。

欧洲的封建社会 1000 多年，而最让人们痛苦的是宗教的分裂，形成东正教和西正教，后又分成新教和旧教。欧洲宗教极其残忍而且互不相容，宗教处决人不见血而用火烧的手段。欧洲是政教一体的政权，因宗教而引起的战争规模大，伤亡惨重。

让罗素感到痛苦的，是在宗教问题上彼此争斗而不相容。在世界上没有因为宗教分歧而引发战争的国家，那就是中国。

中国人总喜欢用讲道理的方法来解决问题，而不是相互的争斗。我觉得中国向欧洲学习什么呢？除了科学技术外，欧洲应该向中国人学习。

【梁漱溟日记】

1972 年 7 月 15 日

早起重温十五章论中国宗教成稿，甚好。晚间维志送来西瓜。

朝夕琐记：梁漱溟晚年谈话录

中西方人礼文不同

从古至今，中国人之交往以礼仪为先。两人相见通常执拱手之礼。印度的礼仪与中国礼仪近似为作揖。拱手礼是以人与人之间的距离来表示对对方的恭敬而自己谦卑的意思。西方人以亲近身体互为拥抱为主，而非恭敬。中、印两国文化的这种行礼方法和姿势动作，用一个"敬"字可以涵盖，因是从内心里发出的。西方社会中无论是握手或拥抱，其表示的意思是亲爱而不是恭敬。亲爱的动作是从身体（本能）发出来的。

另外，西方的宴席以主人为中心，依次排坐。而中国的宴席则以客人或老人为主座，主人则在主座位旁边下座陪之，以表示敬重对方。中西礼仪之不同可见一斑。

【梁漱溟日记】

1972 年 8 月 16 日

早四时起续摘译罗素书。袁昌来谈，有异闻。剪发，购白瓜。午后卢广绵来谈，约星期一早再晤。晚间维志来，为谈中西人礼文不同。

世界文化三大体系与我心中
完整的社会发展史观

世界文化历史上有三大体系，即中国、印度和古希腊罗马。世界文化就是以这三大体系为中心而在空间不断地发展拓大起来的。马克思以社会生产力和社会生产关系等社会发展史为标准来看待社会历史的发展和进步。

人类文化的开端，以人脱离自然界的原始生活为开始。与自然界进行求生存的斗争，这是人类的第一期文化。随着社会历史向空间和时间的拓大和演进，随着社会生产力的发展，社会的上层建筑进一步扩大和巩固。此一力量的加强，对于生产力的发展起了极大的反作用，而随着历史的推进，这种反作用越来越大，这就是结束第一期文化而转入第二期文化。

第二期文化是以社会主义为开始的。随着社会生产力的发展，随着上层建筑的反作用力作用于生产力上，社会必将进入更高的阶段，如果再用单一的社会生产力的发展来看待历史，就显得不够用或解释不通了。

我承认社会生产力的发展是衡量社会各历史阶段的标准。把社会历史上横的空间中所发展起来的世界文化三大体系与纵的不断发展的生产力恰当地有机融合为一个整体，用这样的方法所形成的社会历史观才是我心中完整的社会发展史观。

【梁漱溟日记】

1972 年 10 月 1 日

早起写稿。维博代购食品来，擦窗玻璃。维志来为之谈世界文化三大系与社会发展史。郭大中夫妇来，交回我人心稿。天气甚好，为国庆游人助兴。收颂天信待答。终日未远出。

柳诒徵编著《中国文化史》

柳老先生1947年所写的此书是有价值的。但有一点也值得注意，就是主观方面太强。"五经"为《诗》《书》《易》《礼》《春秋》。现在所流传下来的《礼经》就有三部。一为《周官》《周礼》，二为《仪礼》，三为《礼记》。《周官》一书为设官分职，内容巨细，又有均、平的民主精神，很是了不起，但一些学者不承认是周朝时所著，但至晚也在春秋战国之前。

孔子至今2500年，周文王有3000年。由此可见中国古代文化的繁荣，中国社会发展之特殊。

武术中内家拳、外家拳

中国武术中拳法有内家、外家之分。人心是圆的，而现在人的心思是单一向外用力。生命的由来是矛盾的争执。世间任何东西之奥妙也未有人之机体构造功能之奥妙。从生命之开始，便有动物、植物之分途，然而两者却无所隔，偶然间两者便有瞬间之相通。

【梁漱溟日记】

1973 年 12 月 23 日（星期日）

早起略迟。维博来助理琐事。写香港办报往事记，未完。维志早晚来两次，为讲《周官》一书问题。培恕来谈。崔建华来送食品，以洗件送洗。

如何评价孔子

在人类远古时的石器时期，人们所生活的社会组织一个是集团，一个是家族，二者性质混同不清，而随着社会的发展，西方社会逐步走上了集团本位的社会组织结构，使个人与集团直接发生关系，由集团直接管辖个人。所以，十四至十六世纪文艺复兴，就是个人向社会要求人权，使个性发展开始抬头。

中国古代社会则是发展了原始社会集团的另一个性质，即家庭（家族）本位的社会组织结构。其内容中强调父母、兄弟姐妹之间的情谊，更进一步发展成为"互以对方为主"的伦理本位思想。

西方思想发展了以研究物质为对象的思想方法，所以形成了"物理"。

中国的东方思想则发展了以人为研究对象的思想方法，所以形成了"情理"。

社会存在决定了人们的社会意识。在中国这样一个国家里生活的人群，无不受到其文化的熏陶，而具有共同的心理素质（状态）。

【梁漱溟日记】

1974 年 1 月 21 日

早四时起写稿有得，即抄之。午饭后休息，去北大看儿孙，宽及宁仍有病象。回家晚饭，培和自故城来送食品。渊庭取去周公信。维志晚来谈。

　　　　　　　　　　　　　朝夕琐记：梁漱溟晚年谈话录

中国文字学史

东汉时许慎完成了《说文解字》之巨著。他总结了先秦、两汉的文字成果，保存下来的汉字的形、音、义，也是研究先古甲骨文等文字不可或缺的标准。他对中国文化的整理、传播、延续有着特殊的贡献。同人罗振玉先生在河南殷墟地方收集甲骨文，后交给王国维先生整理研究，成就斐然。

我对于中西文字皆没有用心研究，因本心也不想搞学问。我是研究思想的人。

【梁漱溟日记】

1974 年 3 月 3 日

早起进食。维博来，拆被头连同内裤付洗。赵春生之母代钉被头，维博代办琐事。恕儿夫妇来，送到素菜。晚间雪昭来谈杨超情况，送来面包。收岳信，内附补心丹药味列表。维志来坐，为之讲中国文字学史。

读《国语》与《左传》的感想

近日读《国语》与《左传》两书，可见其时代文化之高，礼乐之精细，文雅高趣。天子亲耕籍田。韦昭著《国语解叙》云，藉有二义，一曰借也，二曰蹈也。文史公伯之母训语，君子劳心，小人劳力，先王之训也。

我早就说过中国文化早熟，恐怕要从孔子往前数2500年。孔子只是起到承前启后的作用。关于墨儒的讨论要在战国时期。司马迁著《史记》一书之缺欠，就是没有为墨子立传。《庄子·天下篇》中有论及各派学者思想，皆有"思以其道易天下"的含义在内。

【梁漱溟日记】

1974年5月23日

早起续写稿。午后卢广绵、吴春敏来坐谈。晚间维志来坐谈。出外散步一次。用温疗法如昨。

东方社会与亚洲经济的意义

我作《试论中国社会的历史发展属于马克思所谓亚洲社会生产方式》一文，别人对此问题没有能够解答。我在《马克思恩格斯全集》中看到的《不列颠在印度的统治》与《不列颠在印度统治未来的结果》及《政治经济学批判导言》序言中，找到了答案。我是按照生产关系三要素来解读中西社会之不同。

【梁漱溟日记】

1974 年 6 月 2 日

早三时起写稿。维博来助理琐事，同去东四洗澡。与维志谈话，购切面，回家午饭。晚出散步。

英国科学家李约瑟的文章

英国李约瑟博士著的《古代中国科学对世界的影响》一文，结尾部分写得不好，因为他并不能真正了解中国文化特色——社会与人生观。

【梁漱溟日记】

1974 年 6 月 14 日

早起写稿。八时半同杨等一车赴会，就党的民族政策略发言。郭有守呆笨致问于我，决定避免纠缠。宣布因有人下乡拔麦，休会一周。回家午饭。

再评英国科学家李约瑟及宋朝名相王安石

李约瑟不懂得中国几千年为什么自然科学不发达。一是中国学术偏于实际应用，在纯理论上不深究考察，满足于一般的应用。二是中国人的思维方式是以阴阳五行等抽象的理论为指导，对具体事物的分析，只是抽象的理解和运用。

宋朝名相王安石有其政治改革振奋国家的积极一面，但他也有不了解中国社会的另一面。中国社会是融国家为社会，不像国家的国家，不像政治的政治。

【梁漱溟日记】

1974 年 7 月 21 日

早起写稿二段。维博购来鸡蛋装订我稿，嘱其送星贤阅。维志来，嘱便购糟蛋。雪昭来安装电灯于菜屋，送来面包 2 件。晚间维志再来。收李芸书归还 50 元。

周一良编《世界通史》

近日看周一良所著《世界通史》中关于奴隶制的部分，错误很多，有的部分甚可称为笑话。

【梁漱溟日记】

1974 年 8 月 4 日

早起写稿有得。雪昭来安灯管尚可。维博来擦玻璃窗，代购食品（奶粉、鸡蛋）。维志来，送回《人心》一册，为之谈《世界通史》（周一良编）的笑话。

参观历史博物馆出土文物有感

一、这次展出的出土铁器，比近代历史学家所推算的时间要早 1000 多年。这就是中国文化早熟的重要证据。二、中华先民开拓之疆域较一般学者推想者广得多。西南到云南、广西，西北到新疆，东北到蒙古、黑龙江，虽然不一定是统治权力所辖，却是中华文化传播影响之所及。三、古代学术思想之发达，包括医药学、军事学、农工生产技术知识之发达进步，在当时远胜于世界其他地方。

【梁漱溟日记】

1975 年 2 月 21 日

早起未写稿，进玉米面粥。同杨一车赴会。听于、王发言可笑。十二时回家午饭，风大极冷。收上海潘信即答之。晚间散步附近。维志来过，嘱其访华世荣。

近作《试论中国社会的历史发展属于马克思所谓亚洲社会生产方式》一文

此文我是按照马克思主义生产关系之三要点来讲中西社会之不同。所谓社会生产方式者，乃为生产力和生产关系之合一也。

【梁漱溟日记】

1975 年 4 月 13 日

早起写稿一段。午饭后去看恕儿，了解宽儿病况。回家维志来，为讲亚洲社会生产方式。崔建华来，述其母病况，又其自身不健康情况。

欧洲文艺复兴

欧洲历史上的东正教、西正教都发源于希腊与罗马。西正教在 18 世纪的宗教改革和文艺复兴运动的发展中，最终达到了从否定人生欲望到肯定人生欲望，从否定个人自由到肯定个人自由的目的。

东正教则没有发生这种革命。俄国从 19 世纪由沙皇下命令解放农奴。它的工业发展是因为在沙皇的指令下，向西欧国家学习了先进的工业技术。俄国亦缺乏一段自我形成的资本主义社会的历史阶段。

【梁漱溟日记】

1976 年 6 月 25 日

早起准备写稿，检书甚久。恕儿来为我拍照。午饭后午睡不入。晚间维志来谈话。

孔子、孟子

孔子与孟子不同。孔子被后世称为圣贤，是名副其实一点都不错的。依我的看法，没有圣贤不是英雄的，那么孟子也是这样。孟子的英雄气概的味道很显露，有平天下舍我其谁的自信力，英雄锋芒太暴露。

【梁漱溟日记】

1976 年 7 月 1 日

早起写稿有得。去洗澡修脚。午后袁昌来谈，知华世荣访熊仲光。晚间维志来。落雨。

中国文化的长处与民族精神

中华民族之长处，不在军事、政治、经济，其最重要的一点是中国历史与文化是非宗教的传统文化。

中华民族的精神要点，可以概括为八个字："人心向上，伦理情谊。"

【梁漱溟日记】

1976 年 12 月 26 日

早起写稿。维博来，糊窗隙缝。维志来抄稿，又取来柳州寄来柑橘一大篮。钦东早晨来过。是日报纸重刊《论十大关系》一文，华公引据此文以施政乎。

第六讲

中国的道路

中国民主政团同盟的成立及前期的活动

做好和完成任何事业，都需要有主观和客观的多方面的因素。世上无有不变之局，无有无所由来之事，民盟成立，就是各方面诸多因素结合而成。

1940 年 12 月 10 日早晨，我住在重庆鲜特老"特园"的客房中看《新民报》。报上刊登有国民党第三届参议员名单。在此公布的名单中安插了许多国民党上层的有名而无职的闲人，却把许多国民党外的社会民主人士排挤出来。

1940 年正是全国抗日战争进入激烈对峙的年代，而国民党蒋介石却视而不见，一心不忘消灭共产党，破坏抗日统一战线和各阶层各党派及社会知名人士的团结，大搞"一党制"排斥"异己"。想到此我心中甚是气愤，想到国民党真是糟透了，国难尚在眼前，而国民党却这样破坏团结怎么行呢？社会知名人士沈钧儒、张君劢、陶行知等都被排挤在外，想到这些心中不安，便走出屋到街上去散散心。正好路过张君劢的家门口，便走进去与他闲谈。张是江苏人，为人很忠厚。谈话间黄炎培也来了，不大一会儿左舜生也走进来。左是青年党的首脑人物。大家把谈话的内容都集中在今天报纸登出的第三届参议员的名单上。大家都对刊出的参议员名单表示不满。大家议论达成的共识是：国民党是没有什么可希望和让他们所能办到的事情了。所以，我们大家要对国难负起责任。大家各卖力气分开干没有成果，我们只有团结起来，组成一个组织来共同奋斗。在座各位都一致赞同，把这个组织的名称叫作"中国民主政团同盟"。既然是我们自己的组织，要有独立性，不能让国民党和蒋介石来压制和干涉。怎么能做到这一点呢？首先大家要保守秘密，派人出去到香港办报为好，来宣布组织的政治纲领。因香港不在国民党政府的管辖范围内，且又与内地相连相通，在舆论上可以不受国民党政府的管制，这样就可以发表组织的各项言论。大家推荐我去香港创办中国民主政团同盟的机关报《光明报》，以期在创刊上发表组织的"宣言与纲领"。

在这次赴香港办报的过程中遇到不少困难，有的是外界的原因，这是不可避免亦是预想之中的事。

黄炎培是"民主建国会"的主席。此组织的成员主要是工商界人士。他又着手组建了"中华职业教育社"来对青年人进行工业方面的科学教育，相当于现在的中等技术学校，来专门培养技术人员，打破了当时社会青年读书只是想做官的弊病。创办职业学校，从事工业建设的人才培养，是私人团体的性质，学校的费用都是向工商界人士募捐。因为培养出的学生就是为工商界来服务的。

后来，黄炎培又从事农村建设，为什么呢？展观中国国内现状，他认识到农业在中国是第一位的，不改变中国的农村是不行的。所以他在上海附近的昆山县安停乡搞了一个"乡村建设学会"。

黄炎培在江苏教育界资格很老，国民政府曾任命他为教育总长，他辞而不就任，通过这件事，他的资望更高了。国民政府很想利用他，因他一直与社会知名人士和工商界的资产阶级人士接近。

1940 年抗日战争进入了更加激烈相持的局面，而国民党的兵源问题和钱的问题都有了困难。为了解决这个困难，国民政府就成立了一个"劝募公款委员会"，由孔祥熙（此时任行政院副院长兼财政部长、中央银行总裁）任主任，请黄炎培担任秘书长。孔祥熙不过是一个挂牌的主任，具体事务还需秘书长来办。黄炎培不顾前嫌欣然就任秘书长之职，这正是民盟要在香港宣布成立的时候。民盟这个组织有向国民党政府独立的性质，蒋介石心胸狭隘视民盟为敌人，恨我之所为更为厉害。

我们五个人发起的民盟组织，共推黄炎培为首领。并推我赴香港创办《光明报》（民盟由四个方面各出资 1 万，而我代表乡建派因缺钱只出 6000 元，同时有云南龙云赞助 5 万元、四川刘文辉赞助 3 万元）。发表"民盟宣言和政治纲领"，是需要在结尾处属有领导人的名字的，一切就绪，正待发表，黄炎培飞到香港对我说："不行，民盟不能算我，我脱离民盟。"他这样一来，可就苦了我了。当时，我写信给内地，意思是推荐章伯钧为民盟首领，也好以他的名字登出来。谁知章伯钧与左舜生有矛盾，坚决不同意章为首领。事情真是不好办呀。这时候民盟成立的消息在社会上已经传开了，蒋介石便集中力量对付我。他派行政院副院长刘维均到香港与当局交涉，不让《光明报》在香港创刊发行。香港政府回答说："不行了，我们已经给他们登记注册了，并且已经交押金了（此笔钱由中共托名南洋侨领捐港币 4000 元）并聘请了法律顾问罗先生。"没有办法制止了，但报纸的新闻和言论都要受当局部门的审查后才可印登。我们要严格监督他们，不让他们有反政府的言论就是了。刘返回重庆见蒋介石，蒋很不满意，就又派行政院长孙科再来香港交涉此事，并到处散布谣言说梁漱溟是第五纵（意思是内奸），来破坏民盟的成立，损害民盟的名声。

当时我的处境困难极了，内地不同意我的推荐，但又拿不出以谁的名字来发表中国民主政团同盟的宣言和纲领。事情紧迫，你们不干我来干，我不怕什么，我想以民盟驻香港代表的名义来签字登出。信告内地遭青年党的曾祺极力反对。这时我苦恼极了，没有人来帮助我，这不能不说是黄炎培给我造成的。事已至此，又不能再拖延下去，如果中国民主政团同盟的宣言和政治纲领同时登在新闻版面上必须要送交当局审查，必不能通过刊出。怎么办呢？当时出版报纸都有广告栏，而广告不需要送去审查。我就把民盟成立的宣言和政治纲领当作别人来订登的广告来刊出，并做好了假的掩饰，保存了付费的存根，以免当局追查有理由予以答复。

不管我经过怎样的努力，中国民主政团同盟成立的宣言和政治纲领的落款，还是没有拿出名字来，孙科等人便无话可说了。

民盟政团的宣言和政治纲领都公布出来，自然地是需要国内各阶级各阶层的人民的支持，同样也希望获得国际上给予承认和支持。但因这个组织文件后面没有署名，很多外国记者也不好把没有署名的东西随便转载。可是我们是急需要他们的转载来扩大政治影响的。

这时全依靠现在的国家副主席宋庆龄。自革命的先行者孙中山先生逝世后，宋庆龄的政治观点始终是倾向左翼，从这一点说也是很不容易的。当时，她在香港有一个组织叫"保卫中国同盟"，向国际上募捐来帮助中国抗战。宋庆龄的助手陈明仁与陈翰笙都希望民盟早日成立，这样有利于国内的抗日战争。他们就以自己的名誉担保，通知各国记者在世界各国报纸上给予发表。在这项工作中，中国共产党也给予了很大的帮助。当时共产党在香港的负责人范长江找到我说：有一个华侨不愿意出名，而要捐一笔钱来支持民盟的成立。这实际上是共产党对成立民盟组织的支持与帮助。

再以后青年党便脱离了民盟组织，左舜生当了国民政府的农业部长。后来请张澜先生担任中国民主政团同盟的主席。

【梁漱溟日记】

1970 年 2 月 6 日（星期五）

旧元旦。袁昌来谈，九时去。访朱谦之，在其家午饭，借《甘地自传》回家阅之。菜随赵去文淦家。陈维志来，为之谈历史。

在全国政协学习小组会上，
讲"改造世界观"的发言内容

现在正学习《改造世界观》这篇社论，文中指出关键的是在资产阶级世界观和无产阶级世界观的区分上。在会上要求每个人都要谈一谈自己的世界观是如何改造的。

世界观是在人的一生所接触事情和所在阶级地位的基础上逐渐形成的，是由小及大、由弱变强的对外界事物的看法。讲到如何改造世界观和我一生的经历过程是分不开的。我要分成四个部分来谈：

一、我是 1893 年出生的，清王朝的腐败无能使社会呈现一团糟的状况。我的父亲和朋友都在为国家为百姓担忧，并出力想办法救国救民。受父亲的影响，我没有上过私塾，没有读过四书五经。没有受到中国老文化教育的熏陶。以后，在与毛主席的谈话时说到少时的读书，他说，我倒是读过四书五经嘞。

二、我生于忧患之年代。中国的问题，一直支配着我的行动并占据我的头脑，但也不单单是此一个问题。辛亥革命是在我十五岁至十七岁时发生的，通过这场社会经历，我的头脑中又出现另一个问题就是人生问题，开始对人生问题存有怀疑和烦闷，进一步认识到人生没有意义。我的思想发展到从根本上否定人生，那么就是进入了佛家的道路。我的思想并不是经旁人指点，而是我的想法和佛家思想相通了，自动地走向佛家。我便寻觅佛经来读。佛经的内容很深不易懂，也没有旁人来指教，就一遍一遍地读，直到明白为止。在1958年开展"向党交心"的运动时，我坦白地说：我的思想深处是佛家思想。

我24岁时就以中学毕业生的资格，凭借《究元决疑论》一文，受到北京大学校长蔡元培先生的欣赏与厚爱，受聘于北京大学哲学系，我并非是要谋这个职业，但是受聘于北大实属偶然。

三、我的思想深处是佛家思想，但我不主张佛家思想在社会上流行。所以，我对佛学思想的态度是不宣传、不鼓动、不推动。因为这种思想在社会上流行，不利于国家与社会的进步，容易引起国家政治的混乱。

但我对外的思想主要是忧国忧民、为国为民。我在1929年辞去北京大学讲席，从事乡村建设运动，先后在广东、河南、山东试行。搞这种农村的建设改造运动，当时的国民政府是不支持的。后来由于开展乡村建设运动越来越被人们所重视并做出了成绩，使得中央政府也不能不加以看重了。

"九一八"事变后，社会各界人士对政府的议论责问甚多，1932年国民政府决定召开"国难会议"，各党派各界人士说要在会议上讨论政权问题。国民政府闻此讯后，通电全国"国难会议"限制议题，这说明国民政府没有诚意。我也被邀参加此会，发电给国民政府表示，会议限制议题，我不赴会。

1937年卢沟桥事变前，蒋介石与汪精卫邀请社会各界知名人士三四百人，在庐山召开座谈会，听取各方对国家形势的意见。此会尚未结束，七七事变爆发，日寇大举进攻华北，形势骤然紧张，会议宣布结束。"八一三"战事打起后，蒋、汪从参加"国难会议"的众人中推选出25人，参加国民政府召开的"国防最高会议"，我也被邀参加，在这里我第一次与中国共产党代表周恩来见面，这天是 8 月 15 日。后来国民参政会迁到了武汉。

从这时候起，我以前忧国忧民的思想转变为开始为国难奔走。国家的前途占据和指挥了我的行动。我以国民参议员的身份取得蒋介石的同意，从西安乘军用卡车赴延安访问中共领袖毛泽东。

四、谈到自己哪些地方需要改造，那就是"个人英雄主义"。有例可说明，七七事变后，全国人员流动性很大，北方人往南走，东北人往西走。当时我说，我要从南往东走，深入敌后游击区进行考察，宣传和鼓动全民抗日达八个月之久，这就是要兑现我说的话。从这一点看好像是"英雄主义"的样子，认真讲起来还是不够的。还可以举个例子，四川、重庆刚解放，我打电报给毛主席说要来京。周总理代表毛主席回电欢迎。我从 1949 年底从重庆出发经武汉到北京。此时，毛主席和周总理还在苏联访问。1950 年 3 月 10 日回国，次日，举办国宴欢迎毛、周访苏归来。在宴席上毛主席对我说，咱们明天谈。3 月 12 日我被车接到中南海。毛主席说，这一次你可以参加政府了吧。我立即回答说，把我留在外边不好吗？当时自己心理上很是自高自大，喜欢独立不一的。这种态度在当前还不是时候，现在处于阶级对抗的时代，独立不一和中间路线是没有的。

由于自己不正确的世界观，屡次不接受毛主席的指示，以致在 1953 年中央人民政府政务院的扩大会议上与毛主席发生了争执。这一系列事情，引起我的深思，并改造世界观以新的视角来看待观察新中国的建设和进步。

【梁漱溟日记】
1970 年 7 月 19 日（星期日）

早起阴云未解，进食外。在北海习拳。闻雪昭来过。在银行取 50 元。雪昭再来，付以 70 元。陈维志来，为之谈"改造世界观"的发言。入夜大雨。

创建河南村治学院

我当时心里一直崇拜英国的宪政制度。参加辛亥革命后，以为革命一成功，便会走上宪政这条路，哪晓得袁世凯背叛民国，复辟封建制度要做皇帝。南方的革命势力与北洋军阀形成对抗，内战又起。我所希望的国家实行宪政制度，越来越渺茫了。

这时，我心中不能不有一种觉悟，想到中国人的人生态度、风俗习惯、历史渊源与西方社会恰好相反。西方制度产生是物质文明发达，人生态度不断向外界要求斗争的结果，而老中国人恰恰缺乏这种社会的基本条件。如何使宪政这种制度建立起来，首先要培养训练国人学会适应新的社会要求与环境。

由此使我想到农村去进行小范围的试验，抱着如何创造新政治改造旧政治的思想去搞乡村工作。

我从小生长在城市里，没有在农村生活过，能不能以贫穷落后的农村来开展我心中的乡村建设，这在当时的知识界，不能不说是一创新的行动、大胆的创举。

河南村治学院的建立，主要依靠几位先生，分别是彭禹廷、梁仲华、王怡柯、梁式堂、王鸿一等先生的努力，并得到开封政治分会主席冯玉祥的同意与支持。

值得在此一提的是王怡柯，河南卫耀府汲县人，20世纪20年代毕业于北京政法专门学校。此人意志坚强，人品好有才干，毕业后在北京无工作可觅，便回乡做小本生意，不久去开封市做教员。当时政府财政枯竭，不能及时拨付教育经费和教员薪金，引起教员们抗议。后经河南省政府同意，把一种税由教育经费款产处收取，交由教育界管理。此后所有教育经费和教员薪金全出于此。先前有人担任此工作，搞得很糟糕。后经推荐由王怡柯主持，他一改旧貌，账目清楚，诸事井然有序，税收到位，把各校预算和薪金扣除后，还有一部分余额。河南村治学院之经费即来源于此。

我为此写了《河南村治学院旨趣书》一文，但该院仅开办一年就结束了。其原因是1930年蒋、阎、冯中原大战，阎、冯失败，河南归属蒋介石管辖。国民党军人刘峙进入开封，便下令将该学院取缔了。

山东乡村建设研究院之创建

　　河南村治学院被取缔后，次年，梁仲华便去向韩复榘汇报此事。韩此时任山东省主席。韩说，乡村建设工作不要结束，我请你们到山东来工作。

　　我与同人把乡建工作设在邹平，名称为"乡村建设研究院"，其行政设置在县级以上，县长人选由乡建院提名报上级任命。

　　1931 年春，黄绍竑任南京内政部长，他很重视我搞的乡建运动。他的第一步计划是在某一些省份，建立中央政府聘任的地方自治指导员，我接受了聘任。接着召开了全国第二届内政会议，计划把搞乡村工作的同人，纳入他的县政建设里面去。会议未开，便先请我商量此事，又拿出内政部起草的"县政建设实验

梁漱溟（中立者）与
同人合影于邹平乡村
建设研究院门外。二
排右一为潘从理

区方案"共同讨论。我和梁仲华、王怡柯三人以专家名义参加会议。到会的有各省的民政厅长，也有省主席出席。在会议上"县政建设实验区方案"得以通过，由南京政府公布，为乡村建设工作创造了条件。同时，在实施实验区的地方，在政令、法律上可以单独搞一套规范，不受现政令法律的制约。

乡村建设工作在山东邹平发展得很好，后来又在菏泽成立了"乡村建设研究院分院"。乡建院前三年由梁仲华任院长，我任研究部主任，后三年我又任院长之职。

【梁漱溟日记】

1971年6月5日（星期六）

早起进食后阅维识。去政协领取工资。发兑潘25元温州。维志来未晤。午饭后小睡，阅维识。晚间维志、维博先后来；为维志谈山东往事。维博付还5元。

赴日本农村参观感想

先是有长野郎、长野鹤两兄弟来山东邹平乡村建设研究院考察。这就引起了我思想的萌动，想去日本看一看他们农村的情况。1936 年 4 月中旬，我同在日本留学十余年的朱经古、秦玉文及黎涤旋三人赴日本考察。行程由青岛港上船至长崎下船，访问了大阪、神户、北海道等地后到东京，住帝国饭店，往返一月余。

此行给我的印象是：他们的农村工作比我们完善。一是他们有农业技术，二是有国家经济的供给，可以从银行贷款用于农村建设，三是一批有学识的人才集中在农村。

日本农村的改造和建设，可以得到国家经济的帮助。这在当时中国军阀割据的时代是根本办不到的。

我主张从乡村运动入手来建设新中国，我们的乡村建设运动是有前途的，可以通过它的发展来改造国家分裂的局面。

我到名古屋拜访了日本著名思想家长谷川如是闲，并得到他送我的他研究中国老子的著作。

我在访问中发现一个中国所没有的问题即"长子学校"，了解到这是封建社会遗留下来的风俗，即家庭中长子读书识字，并可继承父母全部的家产，其他儿子没有享受家产的权力，成人后依靠自己来谋生存。

回国后，我对同人讲日本的农村不会有大的进步，而我们的农村工作大有前途。这是因为日本的国家是统一的，是国家的力量在帮助农村，教育从小学到大学成一系统，这无形中帮助了农村。同时也就压制了农村自发力量的成长。目前我们的国家破碎而不完整，要以农村建设为基础来建设新中国是大有可为的。

【梁漱溟日记】

1971 年 6 月 10 日（星期四）

早起维志来抄书。去新街口进食，转赴政协学习会，略发言。王仍病中，发言散漫。十一时回家午饭。阅维识，开始抄记于册。晚间与维志谈。

参加旧政协、担任民主同盟秘书长

我在 1947 年写有《预告选灾，追论宪政》一文，在当时《观察》杂志发表，对抗战后国家施行宪政，抱着绝对不参加的态度。在抗战中，我参与搞的"统一建国同志会"组织，本意不愿在两党之外再添加第三组织。毛泽东去重庆与蒋介石和平谈判，认为两党已经能够合作了，但事与愿违。

抗战中李宗仁、李济深坚持对内反蒋，对外抗敌。美国派史迪威将军做蒋介石军队的参谋长，指挥中国军队并支援中国军火。但史对蒋的作为深为不满，曾暗中派人联络李济深，美驻华领事林华德也与我联系过，认为蒋介石是中国抗日的障碍，希望李宗仁、李济深与我，同美国配合，计划在广东沿海迎接美军登陆。

我一贯自诩只搞思想政治，不插手政权事务。1946 年国内两党内战不断发生，我愿在当前政治问题上用力奔走，因此参加了旧政协。当时写有《八年努力宣告结束》后，又写有《今后我致力之所在》两篇文章，说明自己不投身现实政治，要在中国的学术思想等方面努力探讨。

1946 年 1 月末，民盟总部设在重庆国府路 300 号。中共周恩来到总部来，我与张君劢、章伯钧三人在。周说，现在政协"五项决议"差不多了，你们几位同意不同意呀？大家皆说，这主要是你们两党的事，你们如果都同意，与我们没什么关系。周又说，我明天飞回延安，取得家里同意，回来就签字。我这时将事先写好的一封信，请周转交给毛泽东。信中大意是，我要退出现实政治，致力于言论思想。若参加政府，言论会不方便。若站在政府外边，言论则比较自由。

周恩来从延安一回到重庆就对我说，可惜，当时我没看信，要不我不会交给毛主席的。毛的回信说，行动与言论二者不是不可得而兼的，为什么要结束了行动而后开始言论？我不赞成你的办法，你在政府里一样说话。周说，你这样不行，不参加政府不行，我们因国民党把门关上，所以我们在叩门，现在它开了门，我们应首先进去，但你却不进去，这不行。

民盟组织本有五个常委，首先推选黄炎培为主席，他坚辞不就。后又推选张澜为主席、由左舜生任总书记。之后，左舜生所在的青年党内部出现竞争，掀起一个斗争风潮，把左舜生、李璜打下去。所以1月10日的重庆政协会没有他们俩参加。故左也不能再担任民盟总书记。后由秘书长张东荪接任总书记。这时由谁担任秘书长呢？大家公推我担任，初不肯就职，后还是接任此职务了，是有两方面的原因。一是国共两党军队在东北发生武装冲突，但当时停战协议不包括东北地区。美国马歇尔提出，把东北地区亦纳入停战协定。民盟总部提出调停方案，急需与国共双方洽商。二是张澜为民盟主席，但无人担任秘书长，深为忧虑。鲜英老对我说，表老（张澜）每天愁眉不展长吁短叹，你不接任秘书长，这不是逼他，要他老命吗？我才无奈接任秘书长，并声称只担任三个月。

1946年7月，蒋介石发动全面内战。同时在云南的国民党特务杀害了民盟成员李公朴和闻一多，后上海的特务打伤了马叙伦先生。我发表声明严厉指出，这是国民党特务干的，我等着你第

　　　　　　　　朝夕琐记：梁漱溟晚年谈话录

三颗子弹，看你敢不敢打我。后受民盟总部委托偕周新民赴昆明调查"李闻事件"，约一个月余。返回后，写有《李闻案调查报告书》。到 11 月 6 日我提出辞去民盟秘书长，并对周恩来说，我不能尽力调停了，只好退出去了。

【梁漱溟日记】

1971 年 6 月 24 日（星期四）

早起维志来抄书。去政协学习会，情况冷落。访申府谈话，即在其家午饭；取回潘信。回家小睡，去王府井即回。夏润生来，借予 10 元，晚间为维志谈任民盟秘书长事。

关于诸党合作体的设想

关于诸党合作体的设想（以下简称设想），我抗战中在广西、八步就曾给民盟出版的杂志《民宪》写文章来介绍，什么叫政党？什么叫革命党？在宪政制度下，根据宪法而组成的党，带有竞争性质，为普通政党。它承认一个制度并在宪法范围内进行活动。而革命党则是否认现实社会和制度，企图打破现状，这样的党取得政权后就成为一党专制。

一切事物的发生，是应于问题的需要。有着不同的问题和需要，就可能出现为解决不同问题而形成的政党。

任何一个党派都从两面来，一面是少数人的主观愿望努力，另一方面必须有它的社会基础。它是在这两点吻合的情况下产生的。

考虑到当前中国需要什么样的政党，首先必须考虑中国是什么样的社会。你要解决什么问题，就须建成什么样的政党。对国家问题的主张皆差不多，而政党的主张却不一样，正是因为主张不同，所以就形成了不同的党派。

从中国社会来分析，建成什么样的党派，应从解决什么样的问题（或使命）说起。就中国革命说，需要改造社会，必须推翻旧制度，建立新制度。这就必须要有一个革命党而不是一个普通政党。这就为中国应建立什么样的政党提出了明确的要求。

我们再来看中国的社会基础。中国是一个枣核型的阶级社会，工业的落后和广大的农民阶层决定了这个性质。孙中山和毛泽东都说过中国没有资产阶级，只有大贫和小贫。中国土地广阔，又有众多的少数民族，加上中国社会散漫流动，贫与富可随人之努力而改变，所以搞一个政党不行，社会背景复杂很难搞成一个政党。

我常批评国民党的"三民主义"是三句好话，没有具体的实施方法。共产党主张很具体，不过最大的缺点就是社会基础狭小，我当时对马列主义缺乏研究，也未能料到毛泽东的做法，因共产党是以无产阶级作为社会基础的，但当时中国能有多少无产阶级呢？

共产党有三大法宝：党、军队、统一战线。中国社会真正的工人阶级人数不多，但农民阶级却人数众多。农民是小生产者，不适合搞社会主义运动（马列主义如此说）。但是农民是可以改造的，其在性质上接近"工人阶级"，可以通过革命运动，使他们变成集体主义者。他们以旧社会为敌，把散漫的农民和知识分子都改造成集体主义者，随着革命运动的兴亡而决定自己的命运。这个改造是我未能预想到的。

我当初的分析是很难在中国搞起一个独一无二的革命党，社会的前途不是一个政党所能承担得起的。所以，我主张多党相容，下分上合。还有一个问题需要解答，不同的政党都各自有主张，能搞到一起吗？谁能说服谁呢？你说的共同纲领、国是国策能成吗？我们不求哲学思想理论的统一，因为人类自有哲学就没有统一过。国是国策不谈世界观，但有两大问题可以统一："对外求得民族解放"，"对内进行社会改造"。国是国策要有办法及具体措施，使得解决问题的办法易于统一，所以我们不谈思想依据，只谈具体办法。尽管各人哲学观点不同，但落到实际问题的路毕竟不多。国是国策订下来不是不可更改，随着问题的变化随时可修改。国是国策是具体的不是抽象的，所以它是不难产生的。

党派问题：人是社会的基础，你能代表哪些人，哪些人就承认你。国家的政纲政策是真正代表社会大多数人的要求，你的党派就必须要首先承认。若主观上胡思乱想是不行的。

党派可以发展，但看谁能得到多数人的拥护。

"设想"不单是拥护国是国策，而是要做实际的群众性的工作。如何落实"设想"，我对此的方案是"社会本位的教育系统草案"（有专文介绍），每一党派都有实际的群众工作，执行国是国策，有的在社会上层工作，有的在社会基层如农民、工人及各行业劳动者中工作。各党派都本着国是国策的决定去工作，必然会有优劣之不等，可以造成影响，也是党派之间的竞争。在实际工作中也检验了自己的主张。在工作之中所得到的经验又可反映到"设想"里面，各自去发展变化，有进有退。不行的党派自然被淘汰。总而言之，不从多而归一不行，底不多不能容全国，上下不一不易贯彻一贯的路线。中国必须有一贯的经济建设发展计划来发展。我的办法有多党方便于一党的好处。

在民盟总部里，我向张君劢、章伯钧诸位宣讲我的主张皆不能得到理解，我只有退出现实政治，来发挥我的学术思想。

【梁漱溟日记】

1971 年 7 月 8 日（星期四）

早起完成发言稿。进食后去政协学习会发言一小时半。反响尚好。其稿被张一道索去。回家午饭，小睡。写发艮庸信（转去马信），又马仰乾信（转去黄信）。向邮局订阅《参考消息》半年。维志来，为其谈党派综合体。阅《参考消息》。（天气午后热。）

朝夕琐记：梁漱溟晚年谈话录

社会本位的教育系统草案

什么是教育？首先要区分人与动物的不同。人类的儿童期特别长，有些高等动物与人类相接近。以高等动物说，人类儿童的智商高过它们十几倍。鱼类从生下来就能独立生存，无所谓儿童期，而高等动物猩猩、猿猴就有儿童期，它们生下来不能独立生活，但人类从儿童到成熟期仍是比动物的成熟期多十几倍的时间。人类成熟的标准，不能单纯是身体发育的成熟。应该有如下三个条件：

一、人类的社会性文化性高，应是以具备一定的生活知识、社会习惯为标准。一个成熟的人，没有十几年的时间是完成不了的。从儿童至青年的成长阶段应为受教育期。什么是文化？简单说是超脱自然状态的人类生活文化。文化是经后天学习而获取。通过学习得来知识的过程叫教育。把社会基本的常识告诉他们，让他们能够顺利地适应社会生活，我们所倡导的教育至少应该是这个样子。

二、一般来说，教育机构是为儿童及青少年而设立。但是，在社会的大变动中，从一个旧的体制转变为一个新的社会，这时在教育中就出现一个问题，教育的重点就不单单是为未成熟的人办教育，同时亦要对全社会的成年人进行各方面的教育，让他们也能及时地适应社会的需求。新式的教育应与普通的教育不一样，这就是我的看法和眼光。

三、我提倡的社会的本位教育系统，应当把学校与社会机关都纳入普通学校。所谓社会本位的教育与社会区域相结合。普通的教育学制分小学、中学、大学。这个学制我不用，大学可以称之为"国学"，其再下可以称为"省学"，但其学习高深程度不低于"国学"。他的教育对象就是这个省的全体人员，一切人员都要在不断的学习改造中进步。

我们现在的教育制度是学校教育制度，就是把受教育的人集中起来，有时间、有地点、有设备的阶梯教育，这应该是针对未成年人的教育制度。而我心中设想的教育方案，就是要打破学校式的教育制度，是把一个区域里的人都包含在内的一种教育系统。

在 1930 年初，我在山东邹平创建乡村建设的实践中，就实行了基层的村学（相邻一两个自然村）、乡学（十几个自然村）、县学（未能办起来）的制度。

我所说的教育就是包括整个社会。它的对象又分为未成年人与成年人。往往成年人进入社会后，基本上就没有教育对他的管束了。单凭个人适应社会就会出现一些问题，比如，包办婚姻、早婚、童养媳以及男人的吸烟、吸毒、嫖娼、赌钱等。很多人在未成年期时就没得到过这方面的正面教育，社会的男女都要面对。此外还包括如何懂得和养成良好的卫生习惯，如共同抵制预防"血吸虫"等一些疾病。

我办教育就是要把成年人也纳入教育体系中去，改造不良生活习惯，培养他们就业的能力，把一个行政区域办成一个大学校，每个不同年龄段的人，都享受到不同的文化教育和技能教育，使人们一生都处在学习提升中。

我的设想就是在一个社会区域内下功夫，把诸多事情捋顺做好，来推动整个社会的进步。

我的乡村建设理论与实践可以建立新的社会秩序，并可以把欧美学校好的教育制度及教育内容引进来加以运用，更加完善教育体系。

那么，对于高深的学术教育，有两个方面：一是建立健全学校机构和组织。二是对个人深造的教育培养。

一切学术科研成果都要为社会生产和经济服务，同时离不开实际的操作者，离不开地方性。学术研究靠什么来推动，要靠解决实际问题。比如，有的地方勘探出石油存储量大，就可在当地设立石油学院。由国家监学指导，上下成体系，上下通气，上级为下级来服务。又比如，下级医院无能力诊断疑难病，那么就交给上级医院来研究解决。

高级的研究决策来自国家机构，就好比是大后方，基层的一切单位好比是前线。基层有解决不了的问题交由上级解决，上级研究的结果交由下级来执行。这样，全国形成一整套环环相连的系统，就会不断地推动社会的进步。

【梁漱溟日记】

1971 年 7 月 11 日（星期日）

早起阅托翁论宗教及列宁经验论的注解。维志来同去故宫，乃人山人海，无望得游。维博同李清泉老人来晤，即于树下立谈约一小时。回家午饭。维博来代购西瓜尚可。晚间为维志谈乡村工作动机、社会教育社事。

欧洲西方政治

对于一个国家来讲，政权的稳定应该是人民的要求和希望。但政权稳定了长久不变亦不更新，会使社会的发展停滞不前，就不一定好。对社会的发展来说，更新与变换还是有好处的。

中国的老社会历史发展悠久，改朝换代往往是两种形式，一种是世袭沿革演变成宫廷政变，如唐朝李世民；另一种是农民起义，经过数年浴血奋战夺得政权，自己又做了皇帝，如朱元璋。这种政权的变更都是要死无数人的。所以，当我看到欧洲英国的君主立宪制后，心里很是佩服，他们政权的变更显得平稳而巧妙，避免了流血牺牲的惨剧。

英国的君主立宪制政治主体有君主、议会、内阁、政党。通常是有两个大党，以及数个小党派。在野党对执政党处在监督的地位。执政党所组内阁的一些错误与失误，都可以在国会进行批评，亦可以通过司法部门进行质问，司法部门的质询，内阁就必须要答复。

执政党组成的内阁在一定年限就要经过议会重新选举。英国议会由英国国王、上院和下院三部分组成。只有下院的议员是由公民普选产生的。到了今日，基本形成了由上院和下院掌握权力的两院模式。

议会改选的意义，就等于是询问选民，你对执政党的组阁是拥护还是反对。执政党在国会议员中人数多的时候，就可以表决拥护执政党。如果在野党议员超过半数以上来反对执政党，那么执政党就要下台，由在野党上台组成新内阁成为执政党。这种执政的调换是平稳和不流血的，政权在平稳的政治轨道（宪法）内更新。这种政权的更换取决于公民的拥护与反对。这种制度能够锻炼人才培养人才，使新的政治领袖不断出现。国家军警完全不参加这项政治活动。

辛亥革命胜利后，我非常希望国家能够走上英国的宪政制度，但是袁世凯破坏了民国初年制定的各项法律制度，解散了临时国会。北洋军阀与各路军阀及南方革命势力的内乱战争，使人们越来越看不到法制社会的出现。为什么自己希望的事根本没法办到呢？经过十几年后，我才渐渐明白了，推翻清朝政权，制定有《临时约法》，这全是仿照欧洲民主制度而制定的，这在当时的中国是根本办不到的事。

简单扼要地讲，这种欧洲民主政治叫作"多数人的政治"，就是多数人对政治要有要求，要主动地运用这种制度，并维护它的权威。

辛亥革命后，在中国只有少数有头脑的知识分子有这种要求。在四亿中国人群中，恐怕只有四万人有这种政治要求。在这四万人中恐怕没有一万人能真正地懂得它。比如说"自由"一词，三四十岁的人就怀疑，如果自由了，那么天下岂不大乱了。在中国老社会没有自由这种概念，所以加以拒绝和反对。大家对于公民权却还可以点头认可，但实际上也根本不具备参政议政的社会基础。

袁世凯复辟做皇帝，固出于其个人的野心，逆历史潮流而动，但当时大多数的老百姓心里想的是没有皇帝还可以，但又觉得没有人管是不行的。袁世凯迎合了没有知识人的心理，即人心厌乱，人心厌战，希望有个皇帝稳定社会。

英国的议会制度是经过长期历史与社会各种斗争的碰撞而不断完善的。国家各种交纳的税收要通过议会的认可才可实施，以及议会监督政府的各项行政行为。议会可以对政府提出"不信任案"，等于对政府预算的否决。议会也可以对政府提出"不信任案"，此案一经议会通过，执政党就必须下台。通过不信任案时，政府有两种选择，一种是下台，一种是解散国会，马上进行大选。由在野党和执政党竞争国家行政权。若执政党议员所得票数多，那么就继续执政。如果票数少，就必须下台。

还有一种叫"弹劾案"，是由议会提出的关于政府作为违反宪法、法律的提案，须经立法、司法的裁决而决定政府的去留。这种名为"议会制度"的组织结构，决定着由谁通过竞争取得组成内阁的权力。英国政治的妙处，是靠两党或多党竞争而组成公民信任的政府，但这条路在中国是根本行不通的路。

【梁漱溟日记】
1971 年 7 月 31 日（星期六）

早起散步附近。着手写稿。去三里屯购食品。午后维志来，为谈西欧政制。天气不甚热。换车月票，购菜。

再谈西欧政治制度

在 20 世纪 40 年代，欧美国家对中国和苏联共产党有一种害怕和恐惧的味道，甚至会引发激烈的反对。那么，这种反对是怎么来的呢？欧美诸国已进行到了资本主义社会，他们崇尚社会的自由，对中国和苏联的社会主义制度感到人人不自由，甚至认为是野蛮的。他们崇信的是身体自由、居住通信自由、言论出版自由、个人财产所有权的自由，他们把这些看得非常重要，而我们却看得很轻。他们认为各种自由是神圣不可侵犯的，而中国和苏联的社会主义制度认为是无所谓，并不强调个人的自由。

但中国社会发展的道路不能学西方的政治制度。因为中国的历史文化在长期的连续不断的发展中，中国文化与精神的一面要高过于西方社会，学习西方文化等于把高于他们精神的地方降低下来。同时，西方的各种政治制度也不是中国能学习来的。

英国的选举权都是公民争取来的，到最后才形成完善的选举制度。这当然也是由于物质基础的不断发展进步，逐步向政权争取出来的。这种公民向政府征求个人权利的态度与心理在中国压根就没有。中国老社会就如我所说是缺乏集团的生活，一直处于散漫而平和的社会生活中。在古籍中就记载有"端拱无为""无为而治"的说法。稍后，又有"不扰民""亲民之官"的说法。旧时州、府、县的衙门口旁就贴有上下联是"为士为农有暇各勤尔业，或工或商无事休进此门"，由此可见，民众对社会制度的消极和漠视。所以我说，老中国是不像国家的国家，不要政治的政治。

英国的政治制度从限制"王权"入手，也就是提高公民的权利，让社会的一切进步发展与福利待遇寄托在自由的竞争中，不需要政府替公民造福。代表此思想的西欧诸国家以英国最为显著。他们的名词叫"开明的利己心"。每一个公民的开明利己心是造成社会进步与获取福利的根本。此种思想的发明者是亚当·斯密。社会的发展就在于各人忙自己的事，解决自身的生活。欧洲封建社会的制度与亚当·斯密的主张相反，他们是干涉主义没有个人的自由，这是从他们集团性质而来的。欧洲中世纪受封的领主也是地主。领主是属地人的统治者，地主是土地占有者，往往二者是合一的。他们的住宅居于村庄的中心，土地在其周围。

在城市里"集团"（音译为基尔特）行会管理规矩很是严厉，不像我国一家一铺分散而独立经营。集团对个人经营干涉的地方很多。所以说，欧洲反封建主义就是反对干涉，就是要争取自由主义。对政府来说要采取放任主义。资本主义开始时的思想是社会越放任越好，如此个人在社会中谋生的环境和条件越有利。

英国有一句民间谚语：政府和国家是不好的事。但是不承认政府不行。政治是恶，但是社会又需要必要的恶。在日本有一位学者叫长谷川如是闲（我访日时见过面），他说过一句话："他们把政府说成必要的恶。"但是他们不了解中国人在欧洲古希腊时代便把政府之恶变成不必要之恶矣。民众与政府争什么？中国古人对权利持否定的态度。总是把义务观念放在权利的前面，总是要求每个人认识到自己应担负的义务，反对一个人要求自己的权利。

老中国是以家庭为基础去扩大，以家庭的感情为出发点，在情感中体现出义务的观念。如：父母对子女有抚养的义务，长兄对幼弟有哺养的义务。那么反过来说，子女对老年的父母有尽孝的义务，幼弟对长兄也有回馈的义务。我们强调义务，需要两方面结合起来，这不是权利本位思想，而是义务本位的思想。对权利而言我们更看重义务，这不是个人本位而是伦理本位。人与人在相互关系中生活叫作"伦"，在相互关系中生活互以对方为重叫作"理"。

古籍《礼记》中有"夫理者，自卑而尊人"的记述。孔子把家庭的组织关系及这种关系中建立的自然感情放大而用于社会，用伦理这一观念来形成社会结构的核心。

西方人的政治态度是一致地向外界去争取。这是从两方面来的，一方面是封建社会，一方面是宗教势力。在中古时领主和贵族占据了权利的五分之三，宗教神父、牧师又占据了权利的五分之二。宗教在社会上有审判权，管理社会上的诸多事情，例如：结婚、丧事，甚至为孩子起名都要过问。

欧洲中古时期公民争取民主的权利，确切地说是从反宗教开始的。个人对宗教的压迫不断地反抗，同时对封建领主的压迫也在不断地反抗。

中国社会的文化历史背景却与此相反，民众都缺乏争求解放束缚的习惯，没有培养成不断向政府争求权利的行动上的动力。

欧洲的民主政治是建立在全民争求争取的态度上，有的政治家讲"不自由宁可死去"。他们依靠每个公民争取自由，争取参政议政的权利，并建立相应的法律制度来保证他们争取到的自由与民主不被破坏。

老中国在精神风俗习惯上与西方公民的诉求完全不相符合。

我们东方古国是不是可以模仿西方的政治，去学习去争取呢？我在《东西文化及其哲学》一书中认为，只要改变一下民众的风俗人情之后就可以实施西方的民主政治，直到后来，我才明白中国几千年养成的道德文明对处理事情的"不争"与"礼让"比西方的争求从社会整体文化上讲要高一步。如果从头学习西方的政治文化就是降低了东方文化，因为我们已经避开了他们所经历的苦难历史阶段，走在了西方政治文化的前面。

西方政治制度

任何社会经济的发展都是以文化为前提的。要想发展文化就要有人有充分的时间去研究社会的各种文化现象，以促进社会物质的发展来满足人群的生存的需求。孔夫子说"行有余力，则以学文"，就是说人在满足基本生存的条件下，就可以拿出时间来从事学习和参与管理社会（在古希腊一个城邦即为一个国家，范围很小。古希腊与古罗马都是奴隶制的国家，君主是由贵族阶层推选出来的。当时每个公民至少掌握有 10 至 20 名奴隶）。

我们国家自古国土辽阔，交通又不发达，信息的传达很是闭塞。中国领土相当于整个欧洲的面积。当时的老百姓对国土疆域的概念很是模糊，好像国家与自己不相干，眼中看不到国在哪里。国家发生的很多事件，眼不得见耳无所闻甚是无所知。有些国家大事知道后，也无法通过什么渠道把主张意见表达出来。有表达有行动，才会有影响，才会引起大家的兴趣与关注。而民国初年，城市里的知识分子对国家政治不发生兴趣，以致国会选举八十万人选出一名议员，这只是少数人争权夺利的活动。

英国的政治制度初建时，多数人没有选举权，妇女更没有参政的权利，但英国大多数民众坚持不懈地向议会争取公民权利，经过好几十年才把选举权争到手，而妇女参政有选举权那是很晚很晚的事了。还有就是每个公民所持有的财产需要向国家纳税。资产阶级是纳税最多的一个阶级，这是由于他们掌握了社会的大量财富。

掌握资产财富的人有空暇的时间，在学习文化掌握知识上具有一定的高度。所以，资产阶级自身利益与国家权利和政治密切相关。他们能够积极地参与到管理国家的各项工作中去。欧洲的民主政治也并不是一个普泛的公民都能参议的政治。可以这样说，欧洲的民主政治只是为一定阶级服务而公开的一种民主政治。因为它在一定的阶级范围内得以实行，也可谓是多数人的政治。

英国的宪法是不成文法的法。英国的民主政治是一步一步走出来的。英国民主制度的广泛与认可也是公民一步一步向政权层作斗争积极争取而得来的多数人的政治。

由于近代中国的工商经济等不发达，中国的少数资产阶级不能胜任运用西方的民主政治制度，而其他阶级从文化经济上又不懂得西方民主制度的先进性。所以说，西方的民主政治对中国来说是一条走不通的路。

【梁漱溟日记】

1971 年 8 月 9 日（星期一）

早起写稿。进食后去政协学习会，宋、陆各发言。回家午饭，饭后休息。去清华园洗澡、修脚、剪发。晚间陈维志来，为谈西欧政制第四点。

　朝夕琐记：梁漱溟晚年谈话录

我对国民党失败的一点感想

每一个政党都应该有自己奋斗的目标和相对应的一整套理论和措施，以保证目标的实施，但国民党就没有统一的理论。孙中山先生倡导的"三民主义"，我常说那是三句好话，而不是真正的革命理论。就是对"三民主义"而言，国民党内也有不同的解说。戴季陶用古代孔子儒家的思想来讲述"三民主义"。陈公博则用马克思主义来讲解"三民主义"。汪精卫则以孙中山先生"联俄、联共、扶助农工"三大政策为旗号，打着"三民主义"的招牌，扩大和巩固自己的权利和地位。

国民党不同的派系所主张的革命理论各不相同，说法不一，做法不一致。国民党的理论含含糊糊不能成为一个真正的革命党。对外不能打倒帝国主义的侵略，对内不能彻底铲除军阀盘踞，领导者由北洋军阀的袁世凯变成了国民党党魁的蒋介石。这样的政党怎么说也是不能成功的。

我对中国共产党取得胜利的一点体会

我从青年时起就一直关心国家的大事，对中国社会应如何发展，走什么样的道路一直在深入思考。要从中国社会的根本上认识这一问题，我认识和发现了中国社会的特殊性。从这一点出发，我就不相信马克思主义的理想能在中国实现。因为他的理论对欧美工业化的国家革命有针对性，但对中国这么一个贫穷落后没有工业的特殊社会就无法实践。

在社会经济发展上（社会生产力和生产关系），中国经济长期落后，停滞不前，大大落后于西方，长期处于封建社会之中。虽然清朝末年有洋务运动的开展与建设，但毕竟没有形成一定规模的资产阶级阶层与其相对的工业基础所造就出来的无产阶级。

当时中国工人阶级人数少，其生活质量又比其他劳动者如农民要好得多。总而言之，由于共产主义是以无产阶级作为革命的基础，但中国工人阶级因其人数少而不能对全国大局起到根本的作用。有革命理论，却没有实践革命理论的无产阶级，那怎么在中国实行无产阶级革命呢？

使我万万没有想到的是，共产党以毛泽东为首的领袖并没有依靠城市里的工人，而是依靠了广大农村的农民，通过对农民的思想教育，使他们成为了无产阶级化的革命军人和干部。没有他们便没有农村包围城市，这两种革命实践在马克思的理论中是没有的。

在列宁领导的俄国革命中，工人阶级是主力军而农民为同盟军。在当时，列宁说过："东方的革命应当看重农民的力量。"（大意）我当时却不知道列宁的这句话。毛泽东活学活用独出心裁走农村发展革命的道路，大致还是依据马列主义（"马克思列宁主义"的简称），他始终认定无产阶级不放松。

我还未能料到的是共产党运用"统一战线"的法宝。统一战线是同盟军又是联合战线，毛泽东把这个法宝用活了，只要你这个人具有了无产阶级思想、观点、立场，那么你就是无产阶级一分子了。他以此为中心扩大联合战线，中心小、战线宽。还不够成熟的人可称为同盟军，这二点是我没有想到的。

我思想中就没有统一战线的理念，但注意到中国革命一定要走联合的道路。我看重联合是以事实为根据的。1911年的辛亥革命就是走联合之路成功的。孙中山领导的"同盟会"就是联合"兴中会""光复会"以及很多潜伏的革命小团体联合而成。"武昌起义"的枪声打响后，各省纷纷独立，脱离清朝政府以响应革命，很显然是联合之局，不是一个中心扩张而成功。袁世凯复辟搞帝制，又是各省纷纷讨伐恢复中华民国。就连我搞的"乡村建设"也是联合四面八方的同人，召开全国乡村建设讨论会，以此成立"乡村建设学社"。

我认为，中国社会革命的道路，不应走武装斗争的道路，而是应该走各党派地方联合的道路才能成功。实践证明，我设想的走联合的路是行不通也是不对的。因为这种联合没有一个中心、一个明确的方向。共产党统一战线的"一"字很重要，我没有尽早地明白毛泽东的思想。

"统一战线"是以环绕共产党为中心，在统一战线上的人，可以慢慢地转为党内的成员，扩大组织的势力，使之更具有社会影响力，这是一个好办法。在解放全中国之前，我仍然不相信共产党能走通这条路。

全国解放大局稳定下来，才促使我深思共产党的成功之路是什么，我最大的觉悟是发现了党的统一战线。当然没有党的领导没有人民军队也就没有统一战线。毛泽东领导的中国人民革命的胜利是以斗争为开始，以联合为目的，分清敌我，化敌为友，化友为我（指共产党）。这就是毛泽东所认知的矛盾论。强调矛盾，促使转化，强调斗争，促进联合，毛泽东思想确实是辩证唯物主义的充分体现。

【梁漱溟日记】

1971 年 8 月 21 日（星期六）

早起写稿一段，去朝阳菜市，进食于外。收戚孟泽信。汪太冲来坐。午饭后访视邹秉文病，回家晚饭。维志来，为讲政制二文完。

朝夕琐记：梁漱溟晚年谈话录

1955 年、1956 年、1957 年经历之事

　　1955 年 9 月，全国政协秘书处通知在京委员，让大家到各地走一走看一看。毛主席的意思是让大家重视思想改造，不好让大家参加实际劳动，而是通过视察提高觉悟。我一贯重视党在农村中发挥的政治作用，准备了解当时的农村选举工作。询问内政部，当时只有安徽省农村正在进行基层选举工作。我便同章伯钧一同前往。章一生讲究藏墨，据说是全国四大藏墨者之一。一到合肥，他便去看如何制墨，并到图书馆找到明、清季制墨的书籍。我则去乡下了解农村选举工作。

　　1956 年在党中央号召下，全国掀起社会主义建设高潮。政协组织委员赴各地参观。我与周士观、马松亭二位委员赴甘肃省考察约五十天。

　　同年 11 月，又与张炯伯委员赴安徽视察血吸虫病的防治及梅山水库和一些手工艺工厂的生产情况。

　　1957 年初，国务院拿出关于成立"广西壮族自治区"的四套方案征求意见。我赞成第一方案。我对中国人和中国文化有一种深切体会，我要求合而不要分，要主动要求汉族民众赞成壮族兄弟成立自治区。

　　周恩来总理要求广西籍全国人大代表、政协委员回乡做好宣传工作。我参加赴广西桂林、柳州这一线，并担任小组长。

　　在此我研究了民族问题。我国是一个统一的多民族国家。因

为我国有共同使用的语言文字与大体相同的习俗和信念，在文化上成为不可分割的一个大单位，这也是人类历史上的奇迹。

欧洲与我国土地面积相差不多，但他们分成很多的民族与国家，彼此很难融合。苏联是多民族国家，但他们的国体是联邦制国家，与我国体制根本不同。

汉族在我国居于主体地位，在国内一隅之地让壮族群众居于主体地位没有什么不可以，在成立自治区问题上，我一再强调，若是一争则两丑，一让则两有。希望汉族同胞理解和服从国务院的决定，搞好民族大团结。

年末，统战部徐冰副部长请无党派人士吃饭（章士钊亦在座）。席间徐说，各民主党派都在进行反右运动，你们无党派委员是不是也组织起来参加反右运动呢？我在席间说，我们在座各位若是有右倾思想，请领导提出审查。此后即不了了之。

是年中，曾有《光明日报》主编楚安平有亲笔信给我，希望给党提意见。又有《光明日报》记者张歌今随我去广西一路采访，以及《文汇报》记者杨重野到家采访我，我对党的反右运动终未置一词。"文革"中有人批我是右派，是不了解历史。

【梁漱溟日记】

1971 年 10 月 31 日（星期日）

终日未远出。维博来，代换车月票，借去《焚书》。维志来，以《民族自救运动》残本赠之。维志补抄残页，午后为谈 1955 至 1957 年各年事项。又为谈我四本，五本六本书相互关系。王星贤来借给《柳文指要》。早起曾写稿，不多。

对抗美援朝的认识

解放初，我听从毛主席的建议去东北各省考察访问数月余。回到北京后见到毛主席说，东北各地实行灯火管制，而毛主席说，朝鲜战争打不起来，中美之间也打不起来。后来抗美援朝战争爆发了，中国又参战了，我心中十分纳闷。

抗美援朝一开始，中央领导有意让我搞抗美援朝的宣传工作。可当时我很怀疑不解的是，为什么现实情况与毛主席说的不一样呢？中国刚解放，国内各地还没有完全安定下来，为什么要出兵呢？自己有这些问题还未解决，也就不好担任抗美援朝的宣传工作。之后，林伯渠秘书长请我一个人吃饭，问我对抗美援朝的意见，便将上述的疑问提了出来，林老对这些问题并不否认或反对。

【梁漱溟日记】

1971 年 12 月 25 日（星期六）

早起写稿。写发田信并兑给 20 元。天气尚可，但未远出。晚间维志来小坐。付下月奶费 3.41 元。

溥仪回忆录《我的前半生》

溥仪由于受共产党政治思想工作的感召，在新社会真正体会到怎样才是一个人。马克思主义最初的出发点，是打破剥削压迫，尊重个人自由。站在人类立场上的欧文、傅立叶等社会主义空想家，只是从感情上追求平等，没有科学依据，结果只有失败，而马克思却找出了人类社会的阶级斗争的规律，指出了历史必然走向社会主义。所以，无产阶级的立场就是站在人类的立场上，只有解放全人类，无产阶级才能解放自己。

【梁漱溟日记】

1972 年 1 月 23 日

早起完成昨草《书后》一稿，墨笔写清。午后王益之送来我稿。去找维博于其家，随后维博来装订我稿。维志继来，以溥传付还之，并以《书后》交其带去。被里付三里屯洗店。

《人民日报》发表"恩格斯怎样批判先验论"

马列主义对"理性"这个问题，认为是在客观规律和人的主观感情这两方面合为一体不可分的。而我却要把这两个问题分开。一、能够正确地认识历史的客观规律是理智。二、在人类情感上主观地要求公平合理是理性。欧文、傅立叶等历史上的空想社会主义家，就是情感上要求人类进步合理，从主观情感上来实行社会主义。

理性——主观情理，理智——客观物理。只有当人的主观情感和客观物理相吻合时，社会的进步，人类的发展才能不断向前。

康德是德国的大哲学家，他有两部著作《纯粹理性批判》与《实践理性批判》。他在认识时间、空间与知识经验时认为，时空在知识经验之前就存在。

一分为二的辩证法越来越被人们掌握，然而当人们还没有了解掌握它时，它是否存在呢？

关于天才问题，苏联的普列汉诺夫著有《论个人在历史上的作用问题》一书，写得很好。

附："恩格斯怎样批判先验论"一段落。

先验论的最有名的代表人物是十八世纪的德国哲学家康德，他认为单有感觉材料不能成为知识。因为感觉材料本身是乱七八糟的没有意义的。只有经过人的理性用先天的逻辑范畴去加以整理，才形成知识。而理性在进行这种整理的同时，就把规律赋予了感觉材料，因此规律不是客观存在的，而是人创造的。

【梁漱溟日记】

1972 年 1 月 30 日

早起有雪。抄写新成稿，加注于眉端。维博来订书完功，即嘱其送交王益之秘书，收转章老。午后二时访于永滋于其家，遇李平衡。晚间维志来，讲《反杜林论》。

　　　　　　　　　　　　　　　　朝夕琐记：梁漱溟晚年谈话录

美国总统尼克松访华

对美国总统尼克松的访问，不期望有什么成果，当然也不会有什么成果。但这次访问，却是人类历史文化深蕴的新中国与美国隔离 26 年后开始接触的一个新开端。现在的时代正是一个大改组大动荡大分化的时代，是有利于朝我们的方面发展的。

我现在最关心的两件事，一是毛主席的健康，二是统一台湾的问题。

【梁漱溟日记】

1972 年 2 月 26 日

早起写稿。去清华园洗澡、修脚、剪发，回家午饭。收田信及岳美中信。晚间维志来谈话。

中美关系

这次中美的会谈，从具体内容方面没有什么成果。但这种影响却是良好的开端，将是中国的文化影响到全世界的一个新纪元。由于世界上五国力量的并立（中国、美国、苏联、日本、西德），世界的战争暂时是不可能发生的。

【梁漱溟日记】

1972 年 3 月 5 日

早起抄新成之稿 3 页。去洗澡未得便。洗脚。午后维博来代购挂面，洗袜。收上海潘信。

中国党派不同于外国

在清末革命党和保守党的斗争中，始终存在着联合与斗争的关系。忽而联合忽而分开，这是为什么呢？此时两大党派之兴起，都是因为外来帝国主义对中国的侵略，而奋起救国为同一目的。两党和派别都是因对这一目的所持有的政治主张和思想不同而形成。在为同一目的努力时，即有联合之可能与行动，但所主张政治思想不同时，又会出现分裂。如共产党与国民党既联合又斗争。遭到日寇侵略中国，则两党联合对外，此国难一经消除，两党必然会为各自所持的政治思想主张而分裂。这种党派合作与分裂，在国际上鲜见他例。

【梁漱溟日记】

1972 年 5 月 21 日

早起进食后同维博到北大，挈领钦元、钦宁两孙游碧云寺，惜孙中山展览不开放，转至香山公园，饮茶散步回家。维志午前、午后来抄书，为之略谈中国党派不同于外国。阅旧日记本。

三十年代国民党党统问题
之争及我的政治主张

我在广东时对李济深极力劝说："无论如何也不要打内战，若蒋介石不容我们存在，那么我们就退下来，在政治上不一定必须依靠武力取得地位。若政治主张正确，迟早还会上台的，即使出不来也不要怨恨。"我对阎锡山也力嘱这个意见。

当时，汪精卫要借助张发奎的军队夺取广东政权。在国民党内有不同派系之争。汪精卫自居左派，依据广东的地盘来与蒋介石对抗。

这时国民党党内发生党统问题之争。党内分为左派、右派（西山会议派）和介于两者之间的派别。各派只承认自己是真正代表国民党，党统在自己这边。蒋介石一派想把左右两派都吸收进来，成立国民党代表委员会。按照党章的规定，代表必须由选举产生，但很难实施，便只好各派选出自己的代表。然而蒋介石却宣布代表由中央圈选，各派争论不一，相持不下。

还有一批老国民党党员及党外知名人士倡议，党内的左中右派别，我们皆不承认，他们主张像孙中山先生民国十三年（临时）召开国民党会议一样做，并且要废除青天白日旗，恢复五色国旗。总之，议论纷纷，莫衷一是。

这时，阎锡山电邀我去太原商讨此问题。我对当时的时局所采取的方针与广东的意见一致，就是应该把精力全部用在治理地方工作上，多办些有益于百姓的实事。服从中央领导，但不希望中央干涉地方做事。若中央对广东的作为不允许，还是抱着一个宗旨，绝不打内战。

我对阎说，在选举代表问题上，蒋介石用中央圈选的方法，是不足以服人的，但亦不同意地方选举。因为地方选举也只能推选本地当局领导，因为权力在他们手中，不会选出真正的代表，既然如此，何必做假呢？

现在全国都在争论党统问题，而我却不愿谈此问题，因为争来争去毫无意义。

在此之际，我提出"虚党制"的主张。因为事实上大权不可能集中，或假集中或勉强集中都无意义。国民党中央固须存在，但要"虚中央制"，即中央尊重各地方的工作，给予实际工作指导。中央对地方起着监督指导的作用，不掌握地方实权。虚党制还是有党。若孙中山先生还健在那很好办，大家公认他为领袖便可以了。中山先生辞世了，那么党统问题确实不好确认了。怎么办？我们可以把追随中山先生的国民党前辈即蔡元培、李石曾、张静江、吴稚晖等集中在一起来代表孙中山先生。我谓之名为"枢密院"。他们不是行政机构，但凡国内外大事，须与他们商量，听取他们意见。"枢密院"站在中央地位指导监督各方面的工作，党统问题就不要谈了。此后再树立国民党的新体制，这就是我的政治主张"虚党制"与"虚中央制"。

我的主张是蒋、阎、冯、李等各军事巨头都要在自己势力管辖中做好地方的各种建设、经济等民生工作，彼此之间互不干涉。这样做看起来好似各自割据一方，但这是当时所不易改变的事实。不求其好，只求国内各方相安，不要内战再起。

我苦心设计的"虚党制"及"虚中央制"以不被各方采纳而

告终。

【梁漱溟日记】

1972 年 6 月 10 日

　　早起抄新成稿及小注。去清华园洗澡剪发。罗赵纫秋来，赠 16 元。收饶信，明日不能来。

与日本的关系

我素来重视日本社会，藏在我心中有一个问题未曾与人说过，就是希望日本社会能与中国合作，共同开发我们的物质资源，将有助于我国经济的发展进步。

【梁漱溟日记】

1972 年 7 月 1 日

早起写稿。去三里屯取回洗补各件。天热甚。换车月票。生食西红柿稍多。预报有雨不验。晚间维志还《明儒学案》册。阅念庵语录，甚好。

全国政协组织在京委员赴河南、广东、湖南三省视察学习的体会

外出学习感想有二点：一、在京时常听说国际形势好，国内形势不够好。北京形势比较好，外地形势不怎么好。经过实地参观，真正改变了这种看法，解决了为此担心的忧闷之感。二、通过参观湖南韶山毛主席故居、文家市、湖南第一师范等地方，通过讲解员的解说，真正感觉到毛主席的伟大。

总结一句话是"不虚此行"。

【梁漱溟日记】

1973 年 7 月 10 日（星期二）

早起洗脚，同孙一车赴会。讨论汇报，胡子婴发言。回家午饭。艮庸来谈及熊先生；食西瓜。幸不如预报之大雨。

山东乡村建设诸事

　　我在 1938 年初访问中共所在地延安后所写的《告山东乡村工作同人同学书》，其要点在于要建立社团的社会组织，我有意担任组织领导，但因身体常遭遇失眠的困扰，常常是力不从心。那么在邹平乡建院有七八年之久，为什么不建立社团组织呢？其原因有二：一是在山东办学搞乡村运动，多依靠省主席韩复榘资金等各方面支持，若成立社会的社团组织，就与韩复榘的关系不好处理解决。二是我与梁仲华皆可成为社团领袖，但我二人互相谦让，久议不决以至错失良机。抗日战争一爆发，日寇大举进攻山东，乡村建设研究院即崩溃于一旦。

　　毛泽东是一人之身兼有两面的代表。一是中国几千年社会是农业国，农民是社会主体成分，他是真正出身于农民家庭，深谙农村的一切事物。二是他又是经过读书成为上层建筑的大知识分子。在中国士、农、工、商中，他占了两面。毛泽东的社会实践是任何人所没有的，他在农村工作中以阶级斗争为主，以推翻地主富农、为农民分得土地为动力，调动了广大农民投身革命的积极性。

　　而我们做乡村建设工作的同人同事，未能认识到这一点，只是站在农民阶级的立场外，以慈善者的态度改善农民的生活，这是不能将乡村建设工作进行到底的根本原因。

【梁漱溟日记】
1973 年 8 月 6 日（星期一）

天明之前大雨，收拾出门，水大漫路，雨鞋不中用，只好折回。八时半再去北大看小孙，为讲近八十年国史。回家午饭。晚间维志来，为谈过去事，于敏贞到京来家。

谈梁启超与蔡元培两先生之不同

　　梁启超为近代大名人。他做事热情，心肠善良，能反思知过，写文章通俗易懂，文字漂亮，笔调深沉而有感情。

　　梁启超与蔡元培两先生有什么不同呢？梁先生是单枪匹马，勇敢向前冲。而蔡先生则是善于知人用人，以人造势。

　　古有故事：韩信说刘邦能统十万大兵足矣，而刘邦问韩信你能统兵多少？韩曰，多多益善，但主能将将也。知人用人是一面，但要使人能为我所用，是另一面，不可不辨。

【梁漱溟日记】

1973 年 10 月 21 日（星期日）

　　早五时起，写改稿一段，附近散步。维博来嘱其买切面等琐事，维志午前后来两次编订年谱，谈及梁任公。晚间维博送来白菜、大葱及《人物杂志》阅之。

我写《人类创造力的大发挥大表现

——试说明建国十年一切建设突飞猛进的由来》
长文的要点

一、我所说的人类创造力，必须先要有所心思，而向外用于物质的开发改造利用上。这需要在生产中不断积累和总结经验，都需要一个稳定的社会环境，而社会中人与人的竞争，阶级与阶级斗争，无疑都会破坏和妨碍人类创造力的发挥。

二、人类创造力的大发挥，必将在统一稳定的社会条件下发展，人尽其才，物尽其用。

三、全国的稳定，必须要工、农、商等各界，在各个方面要有统一规划，统筹安排。这才体现社会主义制度的优越性。

四、领导的统一规划，指挥的权力集中于上层，造成下面具体工作人员处于被动局面。所以必须贯彻相信群众、依靠群众、尊重群众的首创精神，实行从群众中来、到群众中去的工作方法，把上下两面合成一体，使社会主义创造力大发挥大表现得到充分的体现。

【梁漱溟日记】

1973 年 11 月 11 日（星期日）

早起写读书录，天气较好。维博出示马仰（乾）来信。维志来，嘱其阅《十年猛进》一稿，为之略谈大意。雪昭送来面包，维博晚间再来，维志代购糖品。

政协学习小组会上关于
"批孔"的发言表态

十四日我去政协听了北师大白寿彝批判孔子的报告甚觉无意义，便中途离席。昨日，在政协小组学习会上有人点名让我表态，我发言说，此时此地我没有更多的话说，我们这里是政协学习小组，所谓"政"就是政治，要顾全大局，所谓"协"就是协调一致。顾全大局与协调一致，就是求同存异，允许有不同意见并保留，在中共党章中也有规定，我对于"批林批孔"的见解保留在这里，不好放言高论。

【梁漱溟日记】

1973 年 11 月 17 日（星期六）

早起写读书录。赵、于来洗衣。晚间维志来过，雪昭送面包来（修理收音机）。

近来政协学习小组情况

近日来统战部成立了一个"关于管理各民主党派学习情况的领导小组"。在无党派民主人士学习中对"批孔"的讨论最多。而在民革学习小组则讨论得少。各学习小组召集人向领导小组汇报学习情况时，将我的表态作了汇报，后在小组学习时将其汇报公开地说明。我当时反驳道，你们汇报我表态的发言，很不全面。我要照顾到政治的需要而保留意见，不好放言高论。如果需要我写出来倒也可以，我从头至尾用马列主义的观点写出来。各位委员都要求我把"批孔"的态度写出来，小组召集人王克俊、于树德也发言要求我写。我说："自己工作很忙，诸位委员的要求我不能写。如果是统战部的领导的要求，我可以写。写出来诸位委员可以传阅，我不希望发表，如果领导同意发表那亦可以。"

如果说孔子学说有弊于社会，那就是延缓了社会的发展。一是缓和了阶级斗争，二是阻碍了社会生产力和生产关系的发展。

【梁漱溟日记】

1973 年 12 月 19 日（星期三）

早起写《书面答王克俊》一文。同杨一车赴会，听王克俊自述思想史后，我发言自述思想变迁，十二时回家午饭。午后去紫竹院散步，天气尚好。收焕举信，兑培德 20 元。收上海田信，知寄件得达。晚间维志来以近事告之。

关于五四运动

1919 年的五四运动依我看有三个要点：一是要打倒孔家店。二是要求民主。三是要求民治。中国之所以取得后二者，是民心走向合心，而不是离心。

【梁漱溟日记】

1974 年 9 月 15 日

早起改稿。维博来助理琐事。抄完卓娅故事读书录，严著抄出数纸。艮庸来谈，以伍先生讲大学记录付其带回。维志来，暖瓶装胆成功；据云明日结队上山采药，数日后始能回京。购小白瓜食之，不及昨日。

"乡村自治"改为"乡村建设"的由来

　　我创办乡村教育是从政治问题上着眼的。辛亥革命前我的政治观点是崇尚康有为、梁启超的变法维新。直至袁世凯搞帝制复辟，我才幡然觉醒，认识到中国社会的大多数人（以农民为主）对政治制度的进步与倒退是漠不关心的，对北洋军和袁的帝制没有任何反对和抵抗。这样一来，就使得他们为所欲为毫无顾忌。

　　我认为必须要培养中国人的政治能力，从小范围地方的自治做起来，达到国民过问政治的觉悟与能力。这就是我以后从事乡村工作的最初心思。我又很快想到政治与文化相连与经济又相关，这些工作都要以教育为开端。

　　"德莫克拉西"林肯解释为"民主主义"，用中文翻译则有"民有、民享、民治"之意思。在中国古社会作为政治内容的"民有、民享"表现得很充分，《孟子》《左传》中就有很多记载，但缺少甚至没有的就是"民治"也就是西方的民主制度。

　　从社会发展史上看古希腊是典型的奴隶制社会。体力劳动生产不是由社会中的"公民"而是由社会的奴隶们担负，而城里的公民及掌握政治权力的人，完全有空闲时间参与政治活动。这就为资本主义社会和社会的民主制度打下了基础。

　　我的心理动机就是要把缺乏民主政治能力的中国人培养成能够掌握民主制度和能运用政治能力的中国人。这种教育应包含政治、经济、科学、技术、文化等一系列的内容。故我把以前思想中的"乡村自治"改名为"乡村建设"。

【梁漱溟日记】

1976 年 2 月 2 日

早起写稿。郭大中来谈。午饭后休息，散步附近。维志一早一晚来两次，漫谈，知局面不定。

旧中国之阶级问题

在旧中国，南北东西各地的阶级矛盾都有所不同。我以浑然一体的改良眼光去观察中国社会的老农村，就使自己落于被动的境地。共产党以阶级斗争的眼光去观察了解农村社会，通过领导贫苦农民斗争地主的方式，使农民获得了土地，完成心中最大的愿望。

而国民党政府却以地主武装对农民进行反攻倒算，收回农民已分得的土地。阶级斗争阵线划然分明。以农村为主的两大阶级斗争必然到你死我活的地步。

【梁漱溟日记】

1976 年 5 月 6 日

早起洗脚。维博来助理琐事，维志来，对两人谈吴顾毓等事，装订《东方学术概观》。写稿不多。晚间雪昭送面包来，谈其家人病况，许为其大女提供医院费用，当付 45 元。卢广绵来谈。

第七讲

我的养生经验

气功疗法之理

人类的神经有两套系统，一套叫大脑神经中枢系统，主要是人们应对除身体之外的一切思维活动，另一套叫自主神经系统，主要是支配人体内各个器官的运转。两套神经系统互不相悖，处于和平相处的状态。但大脑神经系统过度亢奋就打破了两者的平衡，使自主神经受到压制，使它不作正常运作，必然导致体内的五脏六腑出现毛病。例如，一个人若生气可以导致食欲减少，若生气时吃饭，那么他的消化功能一定会出现消化不良等症状，从而演变成胃肠疾病。气功治疗疾病的道理，就是把兴奋亢进的大脑神经全部静止下来，以解除对自主神经系的压抑。这样一来，自主神经系统所辖的体内器官功能得以正常地运作，使疾病逐步消失，而恢复正常功能。

【梁漱溟日记】

1970 年 8 月 16 日（星期日）

终日小雨。去鼓楼购油饼且进食。陈维志来，为其谈气功疗法之理及其中问题，午后又看我稿，并为其兄借去《乡建理论》1 本。以宽信寄恕儿阅之。

失眠与气功

我 18 岁时患有严重的失眠病，说起来旁人都不相信，我有 60 天不能睡觉，其痛苦难以言表。

我十几岁时想出家，也就学着静坐，把腿盘起来，要求心无杂念，直到一念不起才算静坐有成。而我静坐则念头起伏不定，始终不能入静也就罢手了。我的大半生也就是这样过来了。

1956 年听人家说唐山有个气功疗养所，我便写信希望前去疗养。对方回信说，唐山气功疗养所地方狭小，而且疗养人很多，没有床位招待，我们正在北戴河新建气功疗养院，建成后可来此疗养。

主持气功疗养院的人叫刘贵珍，河北威县人，有小学文化水平。刘贵珍在抗日战争中参加共产党领导的地方游击队，风餐露宿，饥饱不时，导致他患有严重的胃病，吃东西就吐，胃疼痛不止。领导让他回家养病，延医吃尽中西药，症状无改善。

这时，他的一位叔祖对他说："你不用吃药，我能治好你的病。我传授给你方法，但不可传人，须叩头发誓。"刘照办后，老人叫他念几个字，还有神秘的话，并告诉他躺着的姿势，要精神凝聚，心神专一，还要时刻注意呼吸的节奏。这样一来，没用太多的时间，他的胃病就渐渐地好了。

恢复健康的刘贵珍又返回游击队。领导见此，就专门让他研究治疗胃病的气功。他到各处访求高人，慢慢地，气功知识懂得越来越多，治疗疾病的经验也丰富起来。

后来，我去北戴河参观气功疗养所，是由唐山市工会所建。每个疗养者一人一间屋，大楼内树立牌子写有"肃静"二字，屋内光线很暗。工作人员告诉我一个必须要遵守的要求就是断绝与外界的一切联系，即不许会客读书看报。除了每日三餐及散步外，其余时间全待在房间内。在这种安静的环境下，由气功医师告诉你练习的方法。练习气功者可坐着可躺着，让你口中念两句话，口中重复不许停止，逼得你的大脑能够得到休息，慢慢恢复体内自主神经的正常功能。

这种疗法主要治疗胃溃疡、十二指肠溃疡、胃下垂及神经衰弱失眠。

我去找疗养院领导接洽时，告知目前没有床位安排入院治疗。我发现疗养所的隔壁是北京市干部休养所。我与北京市副市长张友渔相熟，便写信给他，请他让我住入休养所两个月。张副市长通知干部休养所接待我，并联系气功疗养院每天派医生专门指导我。住入休养所靠海的小楼里，环境很安静，只有我与内人住此。

每天除了睡觉、吃饭、散步就是练习气功。练习气功可左右侧躺、仰躺、盘腿坐，或坐椅子皆可。身体姿势与练功关系不大。让身体放松平正就行。自己愿意念什么字都可以，要紧的是注意力集中使大脑得到了休息，达到最高境界是一念不起。我在这两个月中居然做到了。这主要得力于清静的环境，以及各项制度的逼迫遵守，否则想做到恐怕不容易。

回京后，我在西山八大处的第五处租了两间房又继续练习了两个月的气功，巩固练习后的成果。

【梁漱溟日记】

1971 年 9 月 18 日（星期六）

早起抄稿将完。午后出剪发。答王季衡一信。维志晚间来，为谈刘贵珍气功疗法等事情。天气有秋意，取出秋冬衣，收起夏衣。

静坐养息十要点

人们平时思虑纷杂，大脑得不到休息，非但耗费精神于无用之地，抑且有违医家"精神内守，病安从来"之古训，必将不知不觉中招致疾病。

因此必须要使自己的大脑得到休息。静坐的"静"字指"一念不起"而言，事实上大不易做到。先从大脑休息入手，久之或可渐渐入静。

我从青年起好佛学，习静坐，始终未能一次入静。且患失眠甚重，延至中年以至六十之年犹时时患之。后来借北戴河气功疗养院之助，幸于静坐略有所得。这是由于完全断绝一切外缘之故，其环境条件难得有之。

气功疗法在国内曾经盛行一时。据闻京中某大医院推行一种气功疗法极其简易。其法可以集合十数人于一室同时行之，对于降低高血压当下收效，连续数日或十数日便可痊愈云。

现在不妨师取其方法大意，个人自己试行之：

静坐之坐有跏趺式、半跏趺式、下肢平踏式乃至平卧式、侧卧式种种，取其安适舒服，随意行之。但头容要正，脊柱宜直。

衣带宽解，筋骨松弛，气沉丹田，全身上虚下实。

鼻息从容自然，以呼吸达于腹部为好。

特取"松静"二字用以暗示自己，徐缓地默念：松！松！松！静！静！静！随着全身放松，大脑随之虚静。

如其昏睡，亦且任其睡去。

以心恬静而明惺为最好，是即将入于一念不起之境。

出现静境不必心喜，平平淡淡任其自然，尤不可事后追求其再现。稍一有追求之意，定然不再出现。

"一切放下"是最要诀，是警醒语。

环境条件影响坐功，不能不择时择地。为了夜深人静时方便用功，故有"活子时"之说，即随便中夜起坐，不拘定于子时也。

同其他功夫一样，非有耐心持久行之，不会成功。

【梁漱溟日记】

1974 年 8 月 10 日

早起写准备发言稿，检阅昔年备用资料。维志来，检出一批旧件，收起一批文件。为维志讲静坐大脑休息方法甚久。

1974 年 8 月 11 日

早起写发言稿。维博来助理琐事，装订稿件。维志来修理衣柜抽斗，再为讲静坐养息补充各点。晚间再来小坐，并送来岳著一本，阅之未佳。付予维博 6 元，维志 10 元。

中医的经络

中医的经络，这是在西医的人体解剖上找不到的。因为这种经脉只在有生命的人体身上方可感觉到，它与生命是一个整体。十二经脉，任、督二脉及经络中的"穴位"是生命通向宇宙本体道路的一个"缝"，也是一个"空"，是人与自然相连的一个通道。

西医是把一个人的疾病从一个点上去寻找，而中医是把一个人的疾病囫囵地观察寻找，两者有很大区别。

【梁漱溟日记】

1975 年 9 月 16 日

早起检阅旧稿，日后乃写稿。维志采药回来坐，恕儿亦来，闲谈多时。晚饭后散步附近。

向马一浮先生请教梦的说法

五十年代中，我赴杭州拜访马老先生，问梦之起因。马先生云："今问何故起梦，起于取著前尘，若离前尘，安有梦邪！"《信心铭》曰：眼若不寐，诸梦自除，心若不异，万法一如。

睡梦中胡乱，正为其早在醒时就胡乱不已耳。胡乱起于取著前尘，不曾清明在躬也。

【梁漱溟日记】

1976 年 3 月 3 日

早起开始写《生物与天时节气变化息息相关》一文。车来与杨等一道赴会，听杨发言，回家午饭。访卢广绵，取回我稿两本。晚饭后思索写稿。